KB041994

빅토르 위고의
워털루 전투

유럽의 운명을 바꾼 나폴레옹 최후의 결전

빅토르 위고의
워털루 전투

빅토르 위고 지음 · 고봉만 옮김

책세상

차례 ···

1   1815년 6월 18일 ··· 7

2   A ··· 18

3   전투의 불가해함 ··· 26

4   오후 4시 ··· 38

5   무척 기분이 좋은 나폴레옹 ··· 48

6   황제가 길잡이 라코스트에게 질문하다 ··· 63

7   예기치 못한 일 ··· 71

8   몽생장 고지 ··· 82

9   나폴레옹에게는 나쁜 길잡이,
       빌로에게는 좋은 길잡이 ··· 96

10 근위대 ··· 103

11 비극적인 결말 ··· 110

12 마지막 방진 ··· 118

13 캉브론 ··· 123

14 지도자의 비중은 어느 정도일까? ··· 132

15 워털루를 인정해야 할 것인가? ··· 150

16 신권神權이 다시 일어서다 ··· 156

해설 | **나폴레옹, 1815년 6월 18일 - 고봉만** ··· 167

옮긴이의 말 | **워털루는 끝나지 않았다** ··· 198

일러두기

1. 이 책은 빅토르 위고Victor Hugo의 저작인《레 미제라블 *Les Misérables*》(1862) 가운 데 제2부 제1편 〈워털루〉의 3~18장을 우리말로 옮긴 것이다.

2. 기 로자Guy Rosa가 편집하고 파리7대학 Paris-Diderot 위고 연구소가 편찬한《레 미 제라블》(2005)을 번역하고 주를 다는 데 참조했다.

3. 원문에는 없는 도판과 사진을 다수 수록했다. 출처를 따로 표기하지 않은 삽화 들은 에밀 바야르Émile Bayard, 귀스타브 브리옹Gustave Brion, 장 폴 로랑Jean-Paul Laurens, 알퐁스 마리 아돌프 드 뇌빌Alphonse Marie Adolphe de Neuville의 일러스트 500점을 수록한《레 미제라블 일러스트판》(1879)에서 가져왔다.

4. '(저자주)'라는 표시가 없는 주는 모두 옮긴이의 주다.

5. 〔 〕 안의 글은 이해를 돕기 위해 옮긴이가 보충한 것이다.

6. 주요 인명과 서명은 최초 한 회에 한해 원어를 병기했다.

1
1815년 6월 18일

　만일 1815년 6월 17일과 18일 사이의 밤에 비가 오지 않았더라면 유럽의 미래는 달라졌을 것이다. 물이 몇 방울 더 많으냐 적으냐로 나폴레옹의 운명이 갈렸다. 워털루가 아우스터리츠 승리[1]의 파국을 맞는 땅이 되도록 하기 위해서 신에게 필요한 것은 약간의 비뿐이었으며, 하늘을 가로질러 간, 때아닌 구름 한 조각은 세계 하나를 무너뜨리기에 충분했다.

1　1805년 12월 2일에 나폴레옹 1세가 지휘하는 프랑스군이 제정 러시아 황제 알렉산드르 1세와 오스트리아 황제 프란츠 2세의 연합군을 빈 북방의 아우스터리츠에서 격파했다. 이후 오스트리아가 휴전을 요청하여 나폴레옹과 프레스부르크 화약을 맺음으로써 제3차 대對프랑스 동맹은 붕괴되었다.

폴 들라로슈Paul Delaroche, 〈1814년 3월 31일, 퐁텐블로의 나폴레옹 1세〉(1840).

엘바 섬으로 유배되기 며칠 전에 집무실에 앉아 생각에 깊이 잠겨 있는 나폴레옹. 잇따른 실책으로 입지가 불안해진 자신의 몰락을 예견하는 듯 어두운 표정이다.

워털루에서의 전투는 11시 반이 되어서야 겨우 시작되었다. 그것이 블뤼허[2]에게 전장에 도착할 시간적 여유를 주었다. 왜 이처럼 전투가 늦게 시작되었을까? 그건 바로 땅이 젖어 있었기 때문이다. 포병이 이동하기 위해서는 땅이 더 굳기를 기다려야 했다.

나폴레옹은 포병 장교 출신으로 그 이력의 영향을 크게 받고 있었다. 이 비범한 장군의 본바탕은 그가 총재정부[3]에 보낸 아부키르 전투[4]에 관한 보고서에서 "아군 포탄 가운데 어떤 것은 적의 병사 여섯을 없앴다"라고 쓴 것에 잘 나타나 있다. 그는 모든 작전을 포병 위주로 짰다. 포병대의 화력을 특정 지점에 집중하는 것, 그것이 그가 거두는 승리의 열쇠였다. 그는 적장의 전술을 하나의 요새로 간주하고, 그것을 돌파하기 위해 맹포격을 가했다. 적의 취약 지점에 일제사격을 퍼부었고, 대포로 전세를 좌우했다. 그의 천재적 재능을 이루는 것

---

2 겝하르트 레베레히트 폰 블뤼허Gebhard Leberecht von Blücher(1742~1819)는 프로이센의 군인이다. 워털루 전투에서 프랑스군의 측면을 공격하여 나폴레옹에게 치명적 타격을 입히는 전략을 구사하여 최종적 승리를 거둠으로써 '해방전쟁의 영웅'으로 불렸다.

3 총재정부Le Directoire는 1794년 7월 27일 테르미도르 반동이 일어나 공포정치가 종식된 후 1795년 10월 26일부터 1799년 11월 9일까지 존속한 프랑스의 정부이다. 다섯 명의 총재로 구성되었다. 나폴레옹 보나파르트가 쿠데타로 정권을 장악하고 의회에서 반대파를 몰아낸 후 집정부(=통령정부)를 구성함으로써 총재정부는 소멸되었다.

4 1799년 7월 25일, 이집트의 아부키르 만에서 프랑스 동방군Armée française d'Orient과 오스만 제국군 사이에 벌어진 전투. 나폴레옹은 이 전투를 승리로 이끌었다.

은 포격이었다. 〔적의〕 방진方陣을 돌파하고, 연대聯隊들을 산산이 흩어지게 만들고, 전선戰線을 끊어놓고, 집결해 있는 부대를 부수고 분산시키는 것, 그에게서는 이 모든 것의 핵심이 포탄이었다. 그는 끊임없이 치고 또 쳤는데, 그 모든 일을 포탄에 맡겼다. 실로 무서운 이 전술이 그의 천재성에 더해져, 무려 15년 동안이나 이 침울한 전쟁 투사를 이길 자는 아무도 없었다.

1815년 6월 18일, 그는 상대보다 수적으로 우세했기 때문에 더더욱 포병에 대한 기대가 컸다. 웰링턴[5]은 대포가 159문門밖에 없었는데, 나폴레옹은 무려 240문이나 갖고 있었다.

땅이 말라 있었다고 치자. 포병대가 원활히 이동할 수 있어서 전투는 아침 6시에 시작되었을 것이다. 그리하여 오후 2시에, 즉 프로이센군의 합세로 전세가 급변하기 세 시간 전에 이미 그의 승리로 끝났을 것이다.

이 전투의 패배에서 나폴레옹은 어느 정도의 실수를 범한 것일까? 과연 그 난파의 책임은 키잡이에게 있었던가?

나폴레옹의 몸이 이 시기에 더 쇠약해진 것은 사실이지만, 그렇다고 당시에 그가 정신적으로도 약해져 있었던 것일

---

5 아서 웰즐리Arthur Wellesley, 일명 웰링턴 공작 1st duke of Wellington(1769~1852)은 영국의 군인·정치가이다. 1815년 영국-네덜란드 연합군 사령관이 되어 나폴레옹군을 워털루에서 격파했고, 1828년에는 영국 총리가 되었다.

왼쪽_블뤼허

프로이센군 사령관. 웰링턴과 함께 워털루 전투를 승리로 이끄는 데 지대한 역할을 했다. 1806년 예나 전투에서 프로이센군 후위대를 지휘했고, 1813년 라이프치히 전투에서 공을 세워 육군 원수로 임명되었다. 워털루 전투 이틀 전에 벌어진 리니 전투에서 프랑스군과 맞서 싸우다 부상을 입고 패퇴했지만 워털루 전투에서 연합군을 도와 프랑스군을 무찔렀다.

오른쪽_웰링턴

영국-네덜란드 연합군 총사령관. 나폴레옹과 동갑으로 귀족 출신이며 이튼 학교와 앤저스 사관학교에서 교육을 받았다. 냉정하고 주도면밀한 전략가로, 1812년 이베리아 반도에서 나폴레옹군을 몰아내는 데 큰 공을 세웠다. 워털루 전투 이틀 전에 벌어진 카트르브라 전투에서는 미셸 네가 이끄는 프랑스군에 맞서 싸웠다. 그림은 토머스 로렌스Thomas Lawrence의 1814년 작품.

까? 20년간의 전쟁이 칼집과 칼날을 모두 무디게 만들었듯, 육체와 마찬가지로 정신도 소모시킨 것일까? 이 비범한 장군에게도 유감스럽게도 노병老病의 기운이 나타나기 시작했던 것일까? 한마디로 저명한 역사가들 다수가 믿는 바와 같이 이 천재도 기운이 다해가고 있었던 것일까? 그는 자신의 쇠약을 스스로에게 감추기 위해 광란에 빠진 것일까? 모험심 때문에 정신이 혼미해지기 시작한 것일까? 위험을 의식하지 못하는, 군사를 거느리는 우두머리에게 치명적인 상태에 이른 것일까? '행동의 거인들'이라고 부를 수 있는, 객관적으로 실재하는 그 위대한 인물들에게도 천재성이 근시안적이 되는 나이가 있는 것인가? 노화老化도 완전한 천재에 대해서는 별다른 영향을 미치지 못하고, 단테나 미켈란젤로 같은 이들은 늙어가면서도 성장하는데 한니발[6]이나 보나파르트 같은 이들은 쇠퇴한단 말인가? 나폴레옹은 승리를 부르는 직감을 잃어버린 것인가? 그는 이제 암초를 식별하지 못하고, 함정을 예상하지 못하고, 심연의 무너져가는 가장자리를 분간하지 못하게

---

6 한니발Hannibal(기원전 247~183?)은 뛰어난 전술과 용병술로 유명한 카르타고의 장군이다. 제1차 포에니 전쟁에서 패배한 후 기원전 218년에 제2차 포에니 전쟁을 일으켰다. 이때 이탈리아에 침입하여 로마군을 격파하는 등 많은 승리를 거두었으나 자마 전투에서 로마군에 패한 뒤 피신 생활을 하다 소아시아에서 자살했다.

조제프 봄Joseph Beaume, 〈1815년 2월 26일 엘바 섬을 떠나는 나폴레옹 1세〉(1836).

앵콩스탕 호를 타고 엘바 섬을 떠나기에 앞서 주민들의 환송을 받는 나폴레옹. 남프랑스로 향하는 이 배에 그를 모시려는 황제 근위대 병사들의 모습이 왼편에 보인다.

샤를 오귀스트 기욤 스토이벤Charles Auguste Guillaume Steuben, 〈엘바 섬에서 돌아온 나폴레옹〉(1818).

엘바 섬을 탈출하여 남프랑스에 상륙한 후 니스를 지나 그르노블에 도착한 나폴레옹은 1815년 3월 17일, 그를 저지하기 위해 루이 18세가 보낸 제5보병연대와 맞닥뜨렸다. 그를 체포하는 임무를 띤 제5보병연대는 오히려 나폴레옹의 카리스마에 굴복하여 그에게 충성을 바치며 열광하는 모습을 보였다.

된 것인가? 그는 파국을 눈치채는 직감을 잃어버린 것인가? 예전에는 승리에 이르는 모든 길을 잘 알고, 번쩍거리는 수레 위에서 오만하게 손가락으로 길을 가리켰던 그가, 이제는 자신을 따르던 요란스러운 군대 행렬을 벼랑으로 이끌 만큼 그렇게 당황한 것인가? 나이 마흔여섯에 벌써 노망이 들었단 말인가? 운명의 거대한 마부였던 그가 이제는 한없이 무모한 조련사로 전락했단 말인가?

우리는 조금도 그렇게 생각하지 않는다.

그의 작전은 누구나 인정하듯 탁월했다. 동맹군의 중앙을 단번에 치고 들어가 적의 진영에 구멍을 내면서 적진을 둘로 가르고, 한쪽의 영국군은 알Hal 방면으로 다른 한쪽의 프로이센군은 통그르 방면으로 밀어붙여 웰링턴과 블뤼허를 두 동강 낸 다음, 몽생장을 되빼앗고 브뤼셀을 점령해 독일군은 라인 강에, 영국군은 바다에 던져버리는 것이었다. 나폴레옹의 입장에서는 그 모든 것이 이 전투에 달려 있었다. 나머지는 두고 볼 일이었다.

우리가 여기서 쓰려고 하는 것이 워털루 전투의 역사가 아니라는 것은 말할 나위 없다. 우리가 하려는 이야기의 중심 장면 중 하나가 이 전투와 관련 있는 것이지, 전투의 역사가 우리의 주제는 아니다. 더욱이 그 역사는 이미 기술되어 있

어니스트 크로프츠Ernest Crofts, 〈워털루 전투 날 아침〉(1876).

1815년 6월 18일 아침, 황제 근위대에 둘러싸인 나폴레옹이 작전을 짜는 가운데, 프랑스 보병들이 그의 지시를 기다리고 있다.

다. 한편으로는 나폴레옹의 관점[7]에서, 다른 한편으로는 기라성 같은 역사가들[8]의 관점에서 훌륭하게 기술되어 있다. 이에 대해서는 역사가들이 논쟁하는 대로 맡겨두자는 것이 우리의 입장이다. 우리는 먼발치에서 (당시를) 바라보는 목격자, 그 들판을 지나가는 통행자, 인간의 살로 반죽된 그 땅을 들여다보며 아마도 겉모습을 실체로 여길 탐구자일 뿐이다. 우리에게는 틀림없이 신기루가 섞여 있을 일련의 사실들에 대해 학문의 이름으로 맞서 싸울 권리가 없으며, 하나의 체계적인 주장을 내놓을 만한 실전 경험도, 전술적 능력도 없다. 다만 우리가 보기엔 우연의 연속이 워털루에서 두 장군을 지배하고 있었다. 그리고 운명이라는 저 신비한 피고에 대해서 우리는 순박한 판관인 민중의 관점에서 판단을 내렸다.

---

7 프랑스 역사가 에마뉘엘 드 라스 카즈Emmanuel de Las Cases, 일명 라스 카즈 백작(1766~ 1842)은 유배를 떠나는 나폴레옹을 따라 세인트헬레나로 갔다. 그는 거기서 약 18개월 동안 나폴레옹과 나눈 대화를 기록했는데, 그 기록에는 나폴레옹의 전쟁관, 나폴레옹 제국과 프랑스 혁명에 대한 생각, 정치철학 등 나폴레옹의 전반적 견해가 담겼다. 이 대화록은 나중에 《세인트헬레나의 회상*Mémorial de Sainte-Hélène*》(1823)이라는 책으로 출간되어 대단한 인기를 누렸다.

8 (저자주) 월터 스콧Walter Scott, 라마르틴Lamartine, 볼라벨Vaulabelle, 샤라스Charras, 키네 Quinet, 티에르Thiers.

2
A

워털루 전투의 양상을 구체적이고 명확하게 파악하고 싶다면 땅 위에 놓인 대문자 A를 상상하는 것으로 충분하다. A의 왼쪽 자획은 니벨로 가는 길이고, 오른쪽 자획은 주나프로 가는 길이며, A의 가로대는 오앵에서 브렌랄뢰로 이어지는 움푹 파인 길이다. A의 꼭대기는 몽생장으로, 거기에 웰링턴이 있다. 왼쪽 아래 끝은 우고몽으로, 그곳에 제롬 보나파르트[9]와 함께 레유[10]가 있다. 오른쪽 아래 끝은 라 벨알리앙스로, 나폴레옹이 그곳에 있다. A의 가로대가 오른쪽 자획과 만나는 곳

---

9 제롬 보나파르트Jérôme Bonaparte(1784~1860)는 나폴레옹의 셋째 남동생이자 막냇동생이다. 육군 원수였고, 1847년 조카 루이 나폴레옹Louis Napoléon이 정계에 등장한 뒤에는 앵발리드 기념관 관장과 상원 의장이 되었다.

의 조금 아래가 라 에생트이다. 이 가로대의 한가운데가 바로 전투의 마지막 말듪[11]이 교환된 지점이다. 바로 그곳에 본의 아니게 황제 근위대의 최고 용맹의 상징이 된 사자상[12]이 세워져 있다.

A의 두 자획 위쪽 부분과 가로대로 이루어지는 삼각형이 몽생장 고지이다. 이 높은 지대를 놓고 벌인 싸움이 전투의 전부였다.

양측 군대의 날개는 각각 좌우로 주나프와 니벨로 가는 도로를 따라 포진했는데, 데를롱d'Erlon은 픽턴Picton과, 레유는 힐Hill과 맞서서 버티고 있었다.

A의 꼭짓점 뒤, 즉 몽생장 고지 뒤쪽으로는 수아뉴 숲이 있다.

고지 아래로 펼쳐진 벌판은 기복이 있는 넓은 땅을 상상

---

10 오노레 샤를 미셸 조제프Honoré Charles Michel Joseph, 일명 레유Reille 백작(1775~1860)은 1847년 루이 필리프Louis-Philippe 왕정 시기에 프랑스 원수의 지위까지 오른 군인이다. 나폴레옹 전쟁에 다수 참전했고 1814년 나폴레옹의 엘바 섬 유배 당시 부르봉 왕정에 의해 감찰 및 14·15보병사단 감찰관으로 임명되었으나 백일천하 때 나폴레옹에게 돌아가 카트르브라 전투, 워털루 전투에서 2군단을 지휘했다.

11 영국군 포병대의 장군이 "용감한 프랑스 전사들이여, 항복하시오!"라고 말하자 프랑스군 장교인 피에르 캉브론Pierre Cambronne(1770~1842)이 "제기랄"이라고 대꾸한 것을 가리킨다. 제12장과 제13장을 참조하라.

12 벨기에 워털루에는 워털루 전투를 기념하여 1824년에 만든 높이 45미터의 인공 언덕 (사자의 언덕Butte de Lion)이 있는데, 226개의 계단을 통해 이 언덕을 올라가면 전쟁에서 패한 나폴레옹 군대의 대포를 녹여서 만든 사자상이 세워져 있다.

하면 된다. 주름진 구릉 어디에서나 다음 구릉이 내려다보이고, 그 모든 기복은 몽생장 쪽으로 올라가 마침내 숲에 이른다.

전장에서 서로 적으로 맞서고 있는 두 군대는 두 명의 격투사다. 그들은 두 팔로 상대의 허리를 공략하면서 서로 맞붙어 치고받는다. 서로 상대방을 쓰러뜨리려 한다. 그들은 무엇에고 매달린다. 덤불 한 무더기도 근거지가 되고, 벽 모서리 하나도 엄폐물이 된다. 등을 기댈 초라한 집 한 채가 없어서 한 연대가 퇴각할 수도 있다. 벌판의 오목한 곳, 땅의 기복, 적당히 가로지르는 오솔길, 작은 숲, 골짜기, 이런 것들이 '군대'라고 부르는 거인의 뒤꿈치를 붙들어서 퇴각하는 것을 막을 수 있다. 전장에서 벗어나는 자는 패자일 뿐이다. 그러므로 책임 있는 장군은 나무들의 사소한 우거짐도 조사하고 땅바닥의 사소한 높낮이도 면밀히 살펴볼 필요가 있는 것이다.

두 장군은 오늘날 '워털루 평원'이라고 부르는 몽생장의 벌판을 미리 주의 깊게 연구해두었다. 〔특히〕 웰링턴은, 한 해 전부터 선견지명을 가지고 대전투의 후보지로서 그곳을 조사했다. 그리하여 6월 18일 이 장소에서 예상대로 결전이 벌어지자 웰링턴은 유리한 지점을 차지했고 나폴레옹은 불리한 지점에 놓였다. 즉, 영국군은 높은 곳에 있었고 프랑스군은 낮은 곳에 있었다.

워털루 전투
1815년 6월 18일 오전 11시 30분

수아뉴 숲

워털루·브뤼셀 방향

몽생장

웰링턴

램버트

오앙 방향

왕립 독일 군단   비비언

트립

메르브브렌

브라운슈바이크

기니

몽생장 농장

예비대

반델뢰르

크루즈

힐

W. 할케트

반 메를렌   폰손비

빈케

아렌트쉴트

서머싯

팩   베스트

작센-바이마르

라에

킬만제게   옴프테다

켐프트

랄뢰 방향

애덤   도른베르크   C. 할케트

빌란트

파플로트

프리슈몽

도브렘 디트머스

그랜트

메이틀랜드

라 에생트

뒤플라   빙

기병연대

미첼

오라녜 대공

데를롱

뒤뤼트

마르코네

자키노

샤펠생랑베르·와브르 방향

우고몽

라 벨알리앙스

동츌로

키오

밀로

피레

레유

르페브르-데누에트

제롬

푸아

바슈뤼

시메

도몽

플랑스누아

나바랭 방향

루셀   레리티에   로보

자냉

쉬베르비

켈레르만

황제 근위대

기오

모티에

로솜

나폴레옹

르 카유·샤를루아 방향

xxxx	xxx			
군	군단	보병대	기병대	포병대

사자상

1824년 워털루 전투를 기념하여 쌓아 올린 인공 언덕 위에 사자상이 세워졌다. 나폴레옹 군대의 대포를 녹여서 만들었다.

1815년 6월 18일 새벽, 로솜 고지에서 말에 올라타 망원경을 손에 들고 있는 나폴레옹의 모습을 여기에서 다시 묘사하는 것은 불필요하다. 굳이 보여주지 않아도 누구나 다 그 모습을 보았다. 브리엔 사관학교의 작은 모자를 쓰고 있는 그 침착한 옆모습, 녹색 군복, 훈장을 가리고 있는, 접힌 하얀 옷깃, 견장을 가리고 있는 회색 프록코트, 조끼 밑으로 한 귀퉁이만 보이는 붉은 리본, 가죽 반바지, 가장자리에 왕관 쓴 'N'자와 독수리가 아로새겨진 자줏빛 벨벳 마의馬衣를 걸친 백마, 비단 스타킹 위에 신은 승마용 장화, 은제 박차, 마렝고 전투13에서 사용했던 칼 등, 황제로서의 이 마지막 모습은 사람들의 기억 속에 오롯이 살아 있어, 어떤 사람들은 그 모습에 환호하고, 어떤 사람들은 싸늘한 눈길을 보낸다.

그 모습은 오랫동안 빛에 온통 싸여 있었다. 그것은 영웅들 대부분이 발산하는, 언제나 다소 오랫동안 진실을 가리는, 그런 어떤 전설적인 모호함에 기인하는 것이었다. 그러나 오늘날에는 역사의 진실이 밝혀지고 있다.

역사라고 부르는 이 명증성은 무자비한 것이다. 그것은 기이하고 신성한 요소를 지니고 있어서, 빛 그 자체이면서도, 바로 그 때문에 사람들이 그곳에 그림자를 던질 수도 있는 것이다. 그것은 같은 사람에 대해 서로 다른 두 개의 유령을 만들어낸다. 한 유령이 다른 유령을 공격하고 잘잘못을 따지며, 전제군주의 암흑이 장수將帥의 광채와 투쟁을 빌인다. 민중의 결정적인 평가 속에 더 진실한 척도가 존재하는 것은 바로 그

---

13 1800년 이탈리아 북부 알레산드리아에서 남동쪽으로 5킬로미터 정도 떨어져 있는 마렝고 평원에서 나폴레옹이 이끄는 프랑스군 약 2만 8,000명과 미하엘 프리드리히 폰 멜라스Michael Friedrich von Melas 장군이 이끄는 오스트리아군 약 3만 1,000명이 싸운 전투이다. 이 전투로 프랑스는 민초 강까지 이르는 롬바르디아 지역을 점령했고 나폴레옹은 파리에서 군사적·국민적 위신을 높일 수 있었다.

장 루이 에르네스트 메소니에Jean-Louis Ernest Meissonier, 〈1814년의 나폴레옹〉(1862).

때문이다. 유린당한 바빌론은 알렉산드로스 대왕의 평판을 깎아내리고, 속박된 로마는 카이사르[14]의 평판을 깎아내리며, 파괴된 예루살렘은 티투스[15]의 평판을 깎아내린다. 폭군 뒤에는 폭정이 온다. 자신의 모습을 갖는 암흑을 남기고 간다는 것은 한 인간에게는 불행한 일이다.

---

14 율리우스 카이사르Julius Caesar(기원전 100~44)는 로마의 군인이자 정치가이다. 크라수스Crassus, 폼페이우스Pompeius와 더불어 제1차 삼두정치를 수립했으며, 갈리아와 브리타니아를 원정하여 토벌했다. 크라수스가 죽은 뒤 폼페이우스마저 몰아내고 독재관이 되었으나, 공화정치를 옹호한 카시우스 롱기누스Cassius Longinus, 브루투스Brutus 등에게 암살되었다.

15 티투스 베스파시아누스 아우구스투스Titus Vespasianus Augustus(39~81, 재위 79~81)는 고대 로마의 황제이다. 베스파시아누스 황제의 아들로 유대 반란을 진압하고 예루살렘을 점령하는 데 공을 세웠다.

3
전투의 불가해함

이 전투의 초기 양상에 대해서는 모두들 익히 알고 있다. 양쪽 군대 모두 시작 무렵에는 혼란스러웠고, 확신하지 못했고, 주저했고, 불안해했으나, 프랑스군보다 영국군의 상황이 더 심각했다.

밤새도록 비가 내렸다. 억수같이 내린 비 때문에 땅이 온통 파헤쳐졌다. 들판의 팬 곳에는 대야에 물을 받아놓은 것처럼 여기저기 물이 괴어 있었다. 어떤 곳에서는 물이 수레의 굴대까지 차올랐다. 말들의 뱃대끈에서는 흙물이 뚝뚝 떨어졌다. 만일 혼잡하게 뒤엉켜 이동하는 병참 부대 수레들에 쓰러진 밀과 호밀이 바퀴 아래에 팬 홈을 채워 짚더미 역할을 해주지 않았다면, 그러한 일체의 움직임은, 특히 파플로트 쪽 작은 골짜기에서의 이동은 불가능했을 것이다.

전투는 〔오전〕 늦게야 시작되었다. 앞서 설명한 대로, 나폴레옹은 자신의 지휘 아래에 있는 포병 전체를 권총처럼 손에 쥐고서 전투 지점 이곳저곳을 조준하며 공격하는 습성이 있었기 때문에 말이 끄는 포대砲臺들이 자유롭게 움직이고 질주할 수 있을 때까지 기다리고자 했다. 그러기 위해서는 〔구름 사이로〕 해가 나와서 땅을 말려주어야 했다. 그러나 해는 좀처럼 나오지 않았다. 이번에는 아우스터리츠 전투와는 사정이 달랐다. 최초로 포문이 열렸을 때, 영국 장군 콜빌Colville이 시계를 보니 오전 11시 35분이었다.

전투는 치열하게, 아마도 황제가 원했던 것보다 더 치열하게, 프랑스군의 왼쪽 날개로부터 우고몽을 향해 시작되었다. 동시에 나폴레옹은 키오Quiot 여단을 라 에쌍트로 급히 진격시켜 적의 중심부를 치게 했고, 네[16]는 프랑스군의 오른쪽 날개를 돌진시켜 파플로트에 진지를 구축하고 있던 영국군의

---

16 미셸 네Michel Ney(1769~1815)는 나폴레옹의 부하 장군들 중에서 가장 유명했던 사람이다. 1814년 나폴레옹이 퇴위하자 복고된 부르봉 왕가에 충성을 맹세했다. 1815년 나폴레옹이 파리로 돌아오자 다시 그의 편에 서서 그에게 충성하는 옛 근위대를 지휘해 워털루 전투에 참가했으나 다시 들어선 왕정 때 반역죄로 기소되어 총살당했다.

미셸 네

1804년 나폴레옹에 의해 원수에 임명되었고, 에를랑겐 전투에서 공을 세워 공작 작위를 수여받았다. 제3군단 사령관으로서 보로디노 전투에서 활약했고, 모스크바 퇴각 때는 중앙군을 지휘하며 퇴각 작전에서 공을 세워 모스크바 공작의 칭호를 얻었다. 나폴레옹이 몰락한 후에는 반역죄로 사형선고를 받고 파리에서 총살당했다. 그림은 프랑수아 제라르François Gérard의 1805년경 작품.

왼쪽 날개를 공격했다.

우고몽에 대한 공격은 일종의 위장 전술이었다. 웰링턴을 그쪽으로 유인해 그의 군대를 왼쪽으로 더 쏠리게 하려는 속셈이었다. 만약 영국 근위대 4개 중대와 페르퐁셰르Perponcher 사단 소속의 용감한 벨기에 군사들이 맡은 바 책임을 다해 진지를 굳게 지키지 않았다면 그 작전은 성공했을 것이다. 또한 웰링턴은 적의 계략에 속아 그쪽으로 병력을 집결하는 대신, 지원 병력으로 또 다른 영국 근위대 4개 중대와 브라운슈바이크의 1개 대대만을 파견했다.

파플로트 지역에 대한 프랑스군 오른쪽 날개의 공격은 철두철미했다. 영국군의 왼쪽을 격파하고, 브뤼셀 방면의 길을 끊고, 혹시 올지도 모르는 프로이센군의 통로를 차단하고, 몽생장을 압박하여, 웰링턴을 우고몽 쪽으로, 거기서 브렌랄뢰 쪽으로, 거기서 다시 알Hal 쪽으로 격퇴하는 것이었다. 프랑스군의 의도는 아주 분명했다. 몇 가지 〔사소한〕 사고가 있긴 했지만, 그 공격은 성공했다. 파플로트는 점령되었고, 라 에생트도 〔프랑스군에게〕 탈취되었다.

여기서 주목해야 할 일이 하나 있다. 영국 보병대에는, 특히 켐프트Kempt 여단에는 많은 신병들이 있었다. 이 젊은 병사들은 무시무시한 프랑스 보병들에 맞서 용감하게 싸웠다. 그

리하르트 크뇌텔Richard Knötel, 〈라 에셍트 공격〉.

독일 출신의 역사화가 크뇌텔의 작품으로, 웰링턴이 방어 거점으로 삼은 라 에셍트에 주둔
하고 있던 영국군에게 공격을 가하는 프랑스군의 모습을 그렸다.

들은 경험이 없었기 때문에 오히려 어려운 임무를 대담하게 해냈다. 특히 저격병의 역할을 탁월하게 수행했다. 적을 저격하는 임무를 맡은 병사는 모든 일을 어느 정도까지는 임의로 할 수 있는데, 이를테면 스스로 자기 자신의 지휘관이 되는 셈이다. 이 신병들은 프랑스 병사들에게서 볼 수 있는 재능과 용맹함 같은 것을 보여주었다. 이 햇병아리 보병대에는 격동하는 혈기가 있었다. 웰링턴은 그것이 마음에 들지 않았다.

라 에생트가 점령된 후 전투의 판국이 달라졌다.

이날 정오에서 4시까지 애매한 시간적 틈이 있었다. 한창 전투가 진행되는 중임에도 거의 불분명한 양상이었고 암담한 혼전에 가까웠다. 거기에다 황혼이 내려앉기 시작했다. 눈에 보이는 것은 넓고 크게 출렁이는 안개, 정신을 어지럽히는 환영들, 오늘날에는 거의 사라진 전쟁 도구들, 불꽃 모양의 장식이 달린 털모자, 기병들의 허리에 매달려 철렁거리는 작은 가죽 가방, 무기를 메는 십자형 가죽끈, 유탄榴彈[17] 주머니, 경기병의 늑골 모양 줄무늬 웃옷, 쭈글쭈글한 붉은 장화, 보병의 묵직하고 술 달린 원통형 군모, 진홍빛 영국군 보병들과 뒤섞

---

17 탄알 속에 작약炸藥이나 화학제를 다져 넣어 만든 포탄. 탄착점에서 터지면 무수한 철알이 튀어 나가거나 화학제가 퍼진다.

여 있는 거무칙칙한 브라운슈바이크의 보병들, 어깨[18]에 견장 대신 두툼하고 둥근 흰색 천을 댄 영국 병사들, 구리 테를 두르고 붉은색 장식 털을 단 길쭉한 가죽 투구를 쓴 하노버의 경기병들, 무릎을 드러낸 채 체크무늬 망토를 걸친 스코틀랜드 병사들, 프랑스 척탄병의 커다란 흰 각반 등으로 전쟁에 참가하는 부대의 대열이라기보다는 여러 개의 그림들 같아서, 살바토르 로사[19]에게 필요한 것이지 그리보발[20]에게 필요한 것은 아니었다.

전투에는 늘 폭풍우 같은 이변이 있게 마련이다. '불가해한 것은 신성한 것이다Quid obscurum, quid divinum.' 역사가는 어지럽게 뒤섞여 돌아가는 전황 속에서 제각기 자기 마음에 드는 윤곽을 다소간 잡아낸다. 장군들의 작전 계획이 어떻든 간에, 무장한 군대가 서로 부딪칠 때에는 예측할 수 없는 역류가 일어난다. 실제의 전투에서는 양쪽 사령관의 두 계획이 서로 교

---

18 원문에는 '소맷부리entournure'로 되어 있다. 당시의 사료와 그림으로 보아 어깨라고 판단되어 이렇게 번역했다. 위고의 실수인 듯하다.

19 살바토르 로사Salvator Rosa(1615~1673)는 이탈리아 바로크 시대에 활동한 나폴리파의 화가이자 동판화가이다. 거칠고 낭만적이거나 장엄한 풍경화와 전쟁화로 유명하다. 또한 뛰어난 시인·풍자작가·배우·음악가이기도 했다.

20 장 바티스트 바케트 드 그리보발Jean-Baptiste Vaquette de Gribeauval(1715~1789)은 프랑스군 장교이자 공병工兵이다. 프랑스 대포를 개선하고, 프랑스 야전 포병대의 기동성과 효율성을 크게 높였다. 그가 시도한 방법들은 포병대원이었던 나폴레옹에 의해 훗날 훌륭한 전술로 활용되었다.

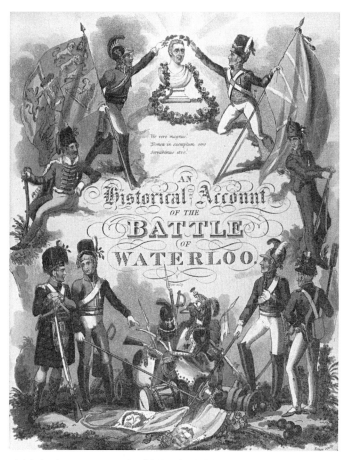

윌리엄 머드퍼드William Mudford가 쓴 《워털루 전투의 역사적 계량An Historical Account of the Battle of Waterloo》(1817)의 속표지로, 조지 크룩생크George Cruikshank의 판화 작품이다. 워 털루 전투에 참전한 각국 병사들의 각기 다른 복장이 잘 드러나 있다.

The Battle

Delineated under the inspection of Officer...

《워털루 전투의 역사적 계량》에 실린 조지 크룩섕크의 판화 작품 〈워털루 전투〉.

aterloo.

present at that memorable Conflict.

1816.

James Rouse sculp

차하면서 서로 달라지거나 달라지게 한다. 전장의 어떤 지점은 다른 지점보다 더 많은 병사를 삼킨다. 그것은 다소 흡수성이 있는 토질이, 물을 거기에 뿌렸을 때 다소 빨리 물을 빨아들이는 것과 같다. 그러한 지점에는 계획했던 것보다 더 많은 병사들을 투입할 수밖에 없다. 그것은 예상치 못한 지출이다. 전선戰線은 실처럼 이리저리 떠다니며 구불거리고, 점점이 이어지는 핏줄기들은 어처구니없이 냇물을 이루어 흘러내리고, 적과 맞서는 맨 앞의 부대는 물결치고, 나갔다 들어왔다 하는 연대들이 갑岬이나 만灣을 이루고, 그 모든 장애물이 서로 앞서거니 뒤서거니 하면서 부단히 이동한다. 보병 부대가 있던 곳에 포병 부대가 도착하고, 포병 부대가 있던 곳에 기병 부대가 달려온다. 전투 부대는 연기와 같다. 거기에 무엇이 있는 것 같아 찾아가 보면 사라져버린다. 소강상태가 되었다가 다시 활발해진다. 어두운 주름이 앞으로 나아갔다 뒤로 물러섰다 한다. 무덤에서 불어오는 바람 같은 것이 그 비극적 무리들을 나가거나 들어오게 하고, 부풀리고 흩뿌린다. 혼전混戰이란 무엇인가? 흔들려 움직이는 것이다. 움직이지 않는 수학적 도면은 1분은 설명할 수 있지만 하루를 설명하지는 못한다. 하나의 전투 장면을 그리기 위해서는 붓 속에 힘찬 혼돈이 깃들어 있는 화가들이 필요하다. 렘브란트가 반 데르 묄렌[21]보다

낮다. 반 데르 묄렌은 정오에는 정확하지만, 오후 3시에는 사실과 어긋난다. 기하학은 실수를 범한다. 오직 폭풍우만이 진실이다. 그렇기 때문에 폴라르[22]가 폴리비오스[23]를 반박할 권리를 가질 수 있는 것이다. 한마디 더 덧붙인다면, 전투에는 언제나 소규모 전투로 변질되어 개별화되면서 무수히 작은 부분으로 분산되는 어떤 순간이 있다. 그러한 싸움은 나폴레옹 자신의 표현을 빌리자면 "군대의 역사에 속한다기보다는 각 연대의 사적인 기록인 전기傳記에 속한다". 그러한 경우 역사가는 그것을 요약할 분명한 권리를 갖는다. [그러나] 그는 그 싸움의 주요 윤곽을 파악할 수 있을 뿐, 그가 아무리 성실한 작가여도 '전투'라고 부르는 그 끔찍한 구름의 형태를 완벽하게 묘사할 수는 없다.

이것은 사실 모든 대규모 군사적 충돌에 해당하는 것이지만, 워털루 전투의 경우에 특히 더 들어맞는다.

그러나 오후의 어떤 순간이 되자 전투는 명확해졌다.

---

21 아담 프란스 반 데르 묄렌Adam Frans van der Meulen(1632~1690)은 벨기에의 바로크 시대 화가로, 전투 장면을 많이 그렸다.

22 장 샤를 드 폴라르Jean-Charles de Folard, 일명 폴라르 기사Chevalier de Folard(1669~1752)는 프랑스의 군인, 군사 이론가이다. 전쟁에서 횡대형 전열 대신 보병 종대형을 채택해야 한다고 주장했다. 폴리비오스의 《역사》에 대한 여러 종류의 책을 썼다.

23 폴리비오스Polybios(기원전 200?~118?)는 그리스의 역사가로, 로마가 지중해의 패자가 되는 과정을 다룬 《역사》 40권을 저술했다.

4
오후 4시

4시경, 영국군의 상황은 심각했다. 오라녜 대공[24]이 중앙을, 힐이 오른쪽 날개를, 픽턴이 왼쪽 날개를 지휘하고 있었다. 격정적이고 용감무쌍한 오라녜 대공은 네덜란드와 벨기에 연합군을 향해 "나사우! 브라운슈바이크! 절대 물러서지 마라!" 하고 외쳐댔다. 힐은 전력이 약화되어 웰링턴에게 의지하게 되었고 픽턴은 전사했다. 영국군이 프랑스군 제105연대의 부대기를 빼앗은 바로 그 순간에 프랑스군의 탄환이 영국군 픽턴 장군의 머리를 관통했던 것이다. 웰링턴은 우고몽과 라 에

---

24 오라녜Oranje 대공(1792~1849)은 훗날 네덜란드 오라녜나사우Oranje-Nassau 왕가의 2대 국왕 빌럼Willem 2세가 되며, 워털루 전투에서 네덜란드군의 사령관을 맡았다.

생트를 전투의 두 방어 거점으로 삼고 있었다. 우고몽은 아직 버티고 있었지만 화염에 휩싸여 있었고, 라 에생트는 이미 점령당했다. 그곳을 지키고 있던 독일군 대대 병력 가운데 불과 42명만 살아남았다. 장교는 다섯 명을 제외하고는 모조리 전사하거나 포로가 되었다. 3,000명의 군사가 그 농장에서 서로 죽이고 죽었다. 영국 제일의 권투 선수요 동료들 사이에서 불사신으로 통하던 한 영국 근위대 상사도 그곳에서 프랑스군의 한 소년 고수鼓手에게 죽임을 당했다. 베어링Baring도 내몰려 철수했고, 알텐Alten도 검으로 일격을 당했다. 여러 개의 부대기를 빼앗겼는데, 그중에는 알텐 사단의 부대기와 츠바이브뤼켄 가家의 한 대공이 갖고 있던 뤼네부르크 대대의 부대기도 있었다. 회색 군복 차림의 스코틀랜드 부대도 흔적 없이 사라졌고, 폰손비Ponsonby의 거친 용기병[25]들도 난도질을 당했다. 이 용맹한 용기병들은 브로Bro의 창기병[26]과 트라베르Travers의 흉갑 기병들에게 무너졌다. 1,200명의 기병 중 600명만 남았고, 중령 셋 중 둘이 거꾸러졌다. 해밀턴Hamilton은 부상을 당했고, 메이터Mater는 죽임을 당했다. 폰손비도 일곱 군데나 창에

---

25 16~17세기 이래 유럽에 있었던 기마병. 갑옷을 입고, 용 모양의 개머리판이 있는 총을 들곤 했다.
26 창을 갖추어 말을 타고 싸우던 병사.

찔려 말에서 떨어졌다. 고든Gordon도 전사했고 마시Marsh도 전
사했다. 2개의 사단(제5사단과 제6사단)이 괴멸되었다.

우고몽은 큰 타격을 입었고, 라 에셍트는 점령당했고, 이
제 오직 중앙의 요충지만 남았다. 그곳은 여전히 버티고 있었
다. 웰링턴은 그곳을 강화했다. 그는 메르브브렌에 있던 힐과
브렌랄뢰에 있던 샤세Chassé를 그곳으로 불러들였다.

영국군의 중앙부는 약간 오목한 모양으로 포진해 있었으
며, 매우 조밀하고 촘촘하게 집결하여 강력한 방어 태세를 구
축하고 있었다. 그 영국군이 몽생장의 고지를 차지하고 있었
는데, 뒤로는 마을이 있었고 앞으로는 당시에는 꽤 가팔랐던
비탈이 있었다. 군대는 견고한 석조 건물을 배후에 두고 있었
는데, 이 건물은 당시 니벨 시市가 소유한 공공 재산으로 도로
의 교차점 구실을 하고 있었다. 16세기에 지어진 이 육중한 건
물은 포탄도 뚫고 들어가지 못하고 튕겨 나갈 만큼 견고했다.
영국군은 고지 주위에 여기저기 사방으로 울타리를 치고 산
사나무 속에 포안을 만들고, 나뭇가지 사이에 포문을 설치하
고, 덤불 속에 요철 모양으로 총안을 냈다. 포병들은 가시덤불
아래에 매복하고 있었다. 어떤 함정도 용납이 되는 전쟁에서
그와 같은 간교한 수법은 물론 허용되지만, 그렇다 해도 어찌
나 교묘하게 만들어졌던지, 적의 포대를 정찰하라고 아침 9시

왼쪽_오라녜 대공

훗날 네덜란드 국왕 빌럼 2세가 되는 오라녜 대공은 20대 초반의 젊은 나이에 워털루 전투에 참전하여 네덜란드군의 사령관을 맡았다.

오른쪽_픽턴

웰링턴이 이끄는 영국-네덜란드 연합군의 사단장급 지휘관들 중 한 명으로, 예비대의 제5사단장을 맡았다. 워털루 전투에서 라 에생트를 점령하려는 프랑스군에 맞서다 전사했다.

THE LITTLE DRUMMER BOY.

동료들 사이에서 불사신으로 통하던 영국 근위대 상사도 그곳에서 프랑스군의 한 소년 고
수에게 죽임을 당했다.

에 황제가 파견한 악소Haxo마저 아무것도 알아채지 못하고 돌아가서 황제에게 니벨과 주나프로 통하는 두 길에 쳐 있는 바리케이드 외에 별다른 장애물은 없다고 보고했다. 시기적으로 곡물이 높이 자랄 때여서 고지의 가장자리에는 켐프트의 제95여단 소속 1개 대대가 소총으로 무장한 채 밀과 호밀 속에 잠복해 있었다.

이렇게 안전을 확보하고 엄호를 받고 있는 영국과 네덜란드 연합군의 중앙은 유리한 위치에 자리 잡고 있었다.

이처럼 진을 쳤을 때 위험한 곳은 수아뉴 숲이었다. 이 숲은 당시 전장과 인접해 있었고, 그뢰넨델과 부아포르의 연못들로 뒤가 막혀 있었다. 그쪽으로 퇴각한다면 군대가 와해될 것이 분명했으며, 각 연대들은 삽시간에 지리멸렬에 빠질 것이 틀림없었다. 포병은 늪 속에서 갈피를 잡지 못할 것이 뻔했다. 그곳으로 퇴각한다면—물론 이의를 제기하는 사람도 있었지만—사실상 패주라는 것이 여러 전문가들의 의견이었다.

웰링턴은 연합군의 오른쪽 날개에서 샤세의 1개 여단을 빼내고 왼쪽 날개에서 윙케Wincke의 1개 여단을 빼내어 중앙을 보강했으며, 거기에다 클린턴Clinton 사단까지 합류시켰다. 그는 자기 휘하의 영국군과 할케트Halkett의 연대들, 미첼Mitchell의 여단, 메이틀랜드Maitland의 근위대를 지원할 부대로 브라운슈

로버트 알렉산더 힐링퍼드Robert Alexander Hillingford,〈워털루 전투에서 지휘를 맡은 웰링턴〉.

바이크의 보병들, 나사우의 징집병들, 킬만제게Kielmansegge의 하노버 병사들, 옴프테다Ompteda의 독일 병사들을 배치했다. 이리하여 그는 26개 대대를 통솔하게 되었다. 샤라스Charras가 말했듯이 "오른쪽 날개는 중앙의 배후로 잡아당겨 내려졌다". 거대한 포대 하나가 오늘날 '워털루 박물관'이라고 부르는 지점에 흙주머니들로 가려져 있었다. 웰링턴은 그 외에도 서머싯Somerset의 근위 용기병 1,400명을 굴곡진 지형에 매복시켰다. 그것은 그 유명한 영국 기병대의 또 다른 절반에 해당하는 병력이었다. 폰손비는 와해됐지만 서머싯은 남아 있었다.

완성되었다면 거의 하나의 각면보角面堡[27]와 다름없었을 그 포대는 급하게 모래주머니를 쌓고 흙으로 널찍한 둔덕을 만들어 보강한, 정원의 매우 낮은 담장 뒤에 쌓아 올려졌다. 이 작업은 완성되지 못했는데, 거기에 울타리를 칠 겨를이 없었던 것이다.

웰링턴은 내심 불안했지만 태연히 말 등에 올라앉아, 몽생장의 오래된 방앗간 약간 앞에 있는 느릅나무 밑에서 온종일 같은 자세를 취하고 있었다. 방앗간은 지금도 여전히 남아 있으나, 느릅나무는 광적인 문화재 파괴자인 한 영국인이 200프

---

[27] 다각형으로 각이 진 보루로, 여러 방면에서 오는 적을 막거나 공격하는 데 적합하다.

위_1919년 1월 14일자 검인이 찍힌 우편엽서로, 몽생장 농장과 워털루 전장 일대의 풍경을 담았다.

아래_워털루 전투의 격전지가 된 몽생장의 농장.

46

랑에 사서 베어 가져가 버렸다. 웰링턴은 거기서 냉철한 영웅의 면모를 보였다. 포탄이 비 오듯 쏟아졌다. 바로 그때 부관 고든이 그의 옆에서 쓰러졌다. 힐 경卿이 여기저기서 터지고 있는 포탄을 가리키며 말했다. "각하, 만약 전사하신다면 저희에게 어떤 명령과 지시를 남기시겠습니까?" "나처럼 하라." 웰링턴은 대답했다. 또 그는 클린턴에게 간단하고 분명하게 말했다. "최후의 한 사람까지 이곳을 사수하라." 전세는 현저히 불리해지고 있었다. 웰링턴은 지난날 탈라베라와 비토리아와 살라망카에서 함께 싸웠던 옛 동료들에게 외쳤다. "제군들! 어찌 우리가 퇴각을 생각할 수 있는가? 옛 영국을 생각하라!"

4시경 영국군의 전선이 뒤에서 흔들렸다. 갑자기 고지의 꼭대기에는 포병과 저격병들밖에 보이지 않았고 나머지는 자취를 감추었다. 프랑스군의 포탄에 쫓겨 연대의 군사들은 더 안쪽으로 퇴각했는데, 거기에는 오늘날에도 몽생장 농장으로 통하는 오솔길이 가로질러 있었다. 후퇴의 움직임이 일어나면서 영국군의 최전선은 무너졌고 웰링턴도 물러섰다. "퇴각하기 시작했다!" 나폴레옹이 외쳤다.

5
무척 기분이 좋은 나폴레옹

황제는 비록 몸 상태가 좋지 않았고, 말을 타면 몸의 어느한 부분에 통증이 느껴져 거북했지만, 이날처럼 기분이 좋던 적은 일찍이 없었다. 좀처럼 감정을 드러내지 않는 그가 아침부터 미소를 띠고 있었다. 1815년 6월 18일, 대리석 가면을 쓰고 있는 그의 깊은 마음도 이날만큼은 눈이 멀 정도로 빛을 발산하고 있었다. 아우스터리츠에서는 침울했던 그가 워털루에서는 명랑했다. 위대한 인물이 될 운명을 타고난 사람들도그런 어처구니없는 면모를 보인다. 우리의 기쁨이란 그림자에불과한 것이며, 최고의 미소는 하느님의 것이다.

"카이사르는 웃고 폼페이우스는 울리라Ridet Caesar, Pompeius

flebit."[28] 풀미나타Fulminata 군단[29]의 병사들이 했던 말이다. 이번에는 폼페이우스가 울지 않아도 되었지만, 카이사르가 웃고 있었던 것은 확실하다.

이미 새벽 1시에 베르트랑Bertrand과 함께 폭풍우를 무릅쓰고 로솜 근방 언덕을 말을 타고 답사하면서, 프리슈몽에서 브렌랄뢰에 이르는 지평선 일대를 영국군의 모닥불이 길게 이어져 비추고 있는 것을 보고 만족스럽게 여긴 나폴레옹으로서는, 워털루의 이 평원에, 자기가 지정한 날에 정확히 운명이 출두했다고 여겼던 것이다. 그는 말을 세우고 잠시 그 자리에서 가만히 번갯불을 보고 천둥소리를 들었다. 그때 불현듯 그 운명론자가 어둠을 향해 다음과 같은 신비한 말을 던지는 것이 들렸다. "우리는 의견이 일치한다." 나폴레옹은 잘못 생각하고 있었다. 그들의 의견은 더 이상 일치하고 있지 않았다.

나폴레옹은 밤새 한숨도 자지 않았다. 그날 밤 매 순간순간이 그에게 기쁨을 안겨주었다. 그는 전선의 앞쪽에 배치한

---

28 마그누스 그나이우스 폼페이우스Magnus Gnaeus Pompeius(기원전 106~48)는 율리우스 카이사르의 친구였으나 후에는 정적政敵이 되었다. 파르살루스(현재 그리스의 파르살라) 평원의 전투(기원전 48)에서 참패를 당한 후 이집트로 망명했다가 그곳에서 살해되었다.

29 기원전 58년 율리우스 카이사르가 창설한 로마 제국의 군단. 서기 174년 마르쿠스 아우렐리우스 안토니누스Marcus Aurelius Antoninus 황제가 심한 뇌우 속에서도 게르만족과의 전투에서 이긴 기념으로 벼락을 의미하는 '풀미나타'란 이름을 붙였다.

모든 부대들을 순시하면서 간간이 여기저기서 걸음을 멈추고 파수병들에게 말을 건네곤 했다. 2시 30분에 우고몽 숲 근처에서 병사들이 줄을 지어 걸어가는 소리를 들었는데, 그는 그것을 두고 잠시 동안 웰링턴이 퇴각하는 중이라고 생각했다. 그는 베르트랑에게 말했다. "저건 철수하기 위해 움직이고 있는 영국군 후미 부대일세. 나는 오스탕드에 이제 막 도착한 6,000명의 영국군을 포로로 만들고 말겠어." 그는 흥금을 토로했다. 3월 1일 상륙했을 때, 즉 열렬히 환영하는 쥐앙 만[30]의 농부를 가리키며 이 고위 장교에게 "이봐 베르트랑, 저기에 벌써 지원군이 도착했네"라고 외치던 때의 혈기를 되찾았다. 6월 17일과 18일 사이의 밤에 그는 웰링턴을 깔보면서 놀려 댔다. "이 못된 영국 놈의 버릇을 고쳐줘야겠어"라고 나폴레옹은 말했다. 빗발은 더욱 거세어졌고, 황제가 말하는 동안 요란하게 천둥이 쳤다.

새벽 3시 30분에 나폴레옹의 환상 하나가 깨졌다. 정찰 나갔다 돌아온 장교들이 적군 쪽에 아무런 움직임도 없다고 그

---

30 나폴레옹은 러시아 원정의 실패로 영국, 오스트리아 등의 연합군에 의해 파리가 점령되면서 강제 퇴위되어 1814년 4월 지중해의 엘바 섬으로 추방되었다. 그러나 이듬해 2월 엘바 섬을 탈출한 그는 1815년 3월 1일 칸 근처의 쥐앙 만에 상륙한 뒤, 3월 20일 파리에 입성하여 프랑스 황제 복귀를 선언했다.

에게 보고했다. 아무것도 움직이지 않았다. 야영지의 모닥불 하나도 꺼져 있지 않았다. 영국군은 자고 있었다. 지상에는 깊은 정적이 감돌았고, 오직 하늘에서만 소리가 요란했다. 4시에 척후기병들이 농부 하나를 끌고 왔는데, 이 농부가 어느 영국군 기병 여단의 길을 안내해주었다고 했다. 왼쪽 날개 맨 끝에 위치한 오앵 마을에 진을 치러 가던 비비언Vivian 여단인 것 같았다. 5시에는 두 명의 벨기에군 탈주병이 와서 그에게 고하기를, 그들은 방금 자신들의 연대를 이탈했는데 영국군은 전투를 기다리고 있다고 했다. "잘됐군!" 나폴레옹이 외쳤다. "놈들을 퇴각시키는 것보다 격퇴하는 게 더 좋지!"

그는 아침이 되자 플랑스누아로 가는 길 모퉁이에 있는 둑길 위의 진흙탕에 이르러 말에서 내리고는 로솜의 농가에서 부엌의 식탁과 농부의 의자를 가져오게 한 뒤, 융단 대신 짚 한 단을 깔고 앉아서 식탁 위에 전장 지도를 펼치며 술트[31]에게 말했다. "멋진 장기판이군!"

밤새 내린 비 때문에 군량 수송 부대는 진창길에 발이 묶여 아침에 도착하지 못했다. 병사들은 잠을 못 잤고 비에 젖은

---

31 니콜라 장 드 디외 술트Nicolas Jean-de-Dieu Soult(1769~1851)는 프랑스의 군사 지도자이자 정치가이다. 달마티아Dalmatia 공작의 작위를 받아 스페인에서 반도 전쟁을 치렀고, 1815년 워털루 전투에서 나폴레옹의 참모장 노릇을 했다.

술트

1814년 1차 왕정복고 때 루이 18세 편에 섰지만 1815년 백일천하 때 다시 나폴레옹 편에 가담하여 워틸루 전투에서 총참모장을 맡았다. 2차 왕정복고와 함께 추방당했다가 루이 필리프 통치 시기에 줄곧 요직을 역임하고 1940년대에는 프랑스의 알제리 정복에 주도적 인 역할을 했다. 그림은 장 블로크Jean Bloc의 그림을 모사한 루이 앙리 드 뤼데Louis-Henri de Rudder의 1856년 작품.

데다 아무것도 먹지 못한 상태였다. 그래도 나폴레옹은 태평스럽게 네에게 외쳤다. "십중팔구 우리에게 승산이 있네." 8시에 황제의 아침 식사가 들어왔다. 그는 그 자리에 여러 장군들을 초대했다. 식사 도중에 누군가가 그저께 웰링턴이 브뤼셀에 있는 리치먼드Richmond 공작부인 집의 무도회에 참석했다는 이야기를 했다. 그러자 얼굴은 대주교 같지만 거친 전사戰士인 술트가 이렇게 말했다. "무도회는 오늘입니다." 황제는 네에게 뭐라 농담을 했고, 네는 "웰링턴이 폐하를 기다리고 있을 만큼 바보는 아닐 겁니다"라고 말했다. 농담은 그의 버릇이기도 했다. "그는 농담하기를 좋아했다." 플뢰리 드 샤불롱[32]은 말했다. "그는 본디 쾌활한 기질이었다." 구르고[33]는 말했다. "그는 재치가 있다기보다는 괴상한 농담을 많이 했다." 뱅자맹 콩스탕[34]은 말했다. 나폴레옹이라는 거인의 이러한 명랑함은 강조

---

32 피에르 알렉상드르 에두아르 플뢰리 드 샤불롱Pierre Alexandre Édouard Fleury de Chaboulon(1779~1835)은 프랑스의 정치가이다. 나폴레옹의 개인 비서를 지낸 바 있다. 1814년 나폴레옹의 실각 후 이탈리아에서 백일천하를 준비했으며 엘바 섬에 유배된 나폴레옹을 직접 만나기도 했다.

33 가스파르 구르고Gaspard Gourgaud(1783~1852)는 프랑스의 군인이자 역사가이다. 추방당한 나폴레옹 보나파르트를 세인트헬레나 섬까지 수행했고 그에 관한 중요한 전기와 역사책을 썼다. 그가 쓴 2권의《세인트헬레나의 일기 1815~1818Sainte-Hélène : Journal inédit de 1815 à 1818》(1899)은 황제의 말년을 기록한 중요한 보고서이다.

34 뱅자맹 콩스탕Benjamin Constant(1767~1830)은 스위스 태생의 프랑스 정치가·정치사상가이자 소설가이다. 대표작으로는 자전적 소설《아돌프Adolphe》가 있다.

할 만한 가치가 있다. 자신의 정예병grenadier을 '불평 사병grog-nard'이라고 부른 것도 그였다. 그는 정예병들의 귀를 꼬집거나 수염을 잡아당기기도 했다. "황제는 우리에게 짓궂은 장난만 치셨어"라고 말한 것은 그들 중 한 사람이었다. 엘바 섬에서 프랑스 본토로 돌아오던 그 불가사의한 항해 중, 2월 27일, 바다 한가운데에서, 프랑스의 전투용 범선 '제피르Zéphir'가 나폴레옹이 숨어 있던 범선 '앵콩스탕Inconstant'을 만나 나폴레옹의 소식을 묻자, 엘바 섬에서 스스로 생각해서 만든, 꿀벌 무늬가 있는 흰색과 붉은색 모표를 그때까지도 모자에 붙이고 있던 황제는 웃으면서 확성기를 들고서 "황제는 안녕하시다네"라고 직접 대답했다. 그렇게 농담할 수 있는 사람은 어떤 사건이 일어나도 태연한 법이다. 나폴레옹은 워털루에서 아침 식사를 하는 동안 여러 차례 그런 농담을 했다. 그는 식사를 마친 후 15분간 눈을 감고 말없이 생각에 잠겼고, 그런 다음 장군 둘이 짚단에 걸터앉아서 손에 펜을 들고 무릎 위에 종이를 펼치자, 황제는 그들에게 전투 대형을 받아 적게 했다.

9시에, 사다리꼴로 정렬하여 5열 종대로 행진하던 프랑스 군이 간격을 넓게 벌려, 보병 사단이 2개의 대열로 분리되고 포병들이 기병 여단 사이에 자리를 잡는 가운데, 선두에 선 군악대의 북소리와 나팔 소리에 맞춰 힘차고 웅장하고 경쾌하게

로버트 알렉산더 힐링퍼드, 〈리치먼드 공작부인 집의 무도회에 참석한 웰링턴〉(1870년대).

1815년 6월 15일, 당시 가장 유명한 사교 행사 가운데 하나였던 리치먼드 공작부인 집의
무도회에 참석한 웰링턴은 수비대장에게서 프랑스군이 당도했다는 소식을 듣고는 다음 날
새벽 5시 반에 싸움터로 향했다.

행진하면서 투구와 장검과 총검의 바다가 지평선 일대에 펼쳐지자, 황제는 감격하여 두 번이나 거듭 외쳤다. "훌륭하다! 훌륭하다!"

9시부터 10시 30분까지 모든 프랑스군은 믿을 수 없을 만큼 신속하게 진을 치고 6열로 늘어서서, 황제의 표현을 빌리자면 "6개의 V자 형태"를 구축했다. 최전선의 배치가 이루어진 뒤 얼마 후, 접전을 앞둔 폭풍 전야의 깊은 정적 속에서, 그의 명령에 따라 데를롱과 레유와 로보Lobau의 세 군단에서 차출된 3개 포병대의 12파운드 대포[35]들이 니벨과 주나프로 가는 길의 교차점에 위치한 몽생장에 대한 포격으로 전투를 개시하기 위해 열을 지어 행진하는 것을 보자 황제는 악소의 어깨를 툭 치며 말했다. "장군, 저 아름다운 24명의 처녀를 보시오."

전투의 결과를 확신했던 그는, 몽생장을 탈취하면 즉시 그곳에 바리케이드를 치도록 명령을 받은 제1군단 공병工兵 중대가 그의 앞을 지나가자 미소로 그들을 격려했다. 시종일관 평온했던 그의 표정이 딱 한 번 거만한 연민의 말 한마디로 잠시 흐려졌다. 그의 왼편에, 오늘날에는 커다란 무덤 하나가 있는 곳에, 회색빛 제복을 입은 늠름한 스코틀랜드 병사들이 그

---

35 프랑스군이 사용하던 '12파운드 대포canon de 12 livres'는 정확도가 높고 연속 사격 속도가 빨랐다.

데를롱

장 바티스트 드루에Jean-Baptiste Drouet, 일명 데를롱d'Erlon 백작(1763~1844)은 위털루 전
투에서 제1군단장을 맡았다. 훗날 알제리 총독을 지냈고 프랑스 원수의 지위까지 올랐다.
그림은 샤를 필리프 라리비에르Charles-Philippe Larivière의 1844년 작품.

들의 매우 아름다운 말들과 함께 밀집해 있는 것을 보고 그가 이렇게 말했던 것이다. "참으로 아깝도다!"

그런 다음 그는 다시 말을 탔고, 로솜 고지 앞쪽으로 가서 주나프에서 브뤼셀로 통하는 길 오른쪽에 있던 좁은 잔디 둔덕을 [적을] 관찰하는 장소로 정했다. 그곳은 워털루 전투 동안 그가 사용한 두 번째 관측소였다. 세 번째 관측소는 그가 저녁 7시에 정한 곳으로, 라 벨알리앙스와 라 에생트 사이에 있는 위험천만한 곳이었다. 그곳은 아직도 남아 있는 꽤 높은 언덕인데, 그 후면에 있는 벌판의 경사지에 근위대가 집결해 있었다. 정상의 언덕 주변에서는 도로 위로 포탄이 떨어져 그 파편들이 나폴레옹이 있는 데까지 날아왔다. 브리엔[36]에서처럼 그의 머리 위로 탄환과 총탄들이 휙휙 소리를 내며 지나갔다. 나폴레옹의 말이 서 있던 거의 그 장소에서 훗날 사람들은 케케묵은 포탄이며 낡은 장검의 칼날이며 녹이 슬어 형태를 알아볼 수 없는 총알 같은 것을 주워 모았다. "꺼칠꺼칠한 녹이로다Scabra rubigine." 몇 년 전에는 거기서 화약이 그대로 남아 있는 60파운드 대포의 포탄 하나를 파낸 일이 있었는데, 기폭 장치가 포탄의 표면에서 부러져 있었다. 바로 이 마지막 관

---

36 브리엔 전투 중인 1814년 2월 1일, 구르고는 총에 맞은 나폴레옹을 구해주었다고 한다.

측소에서 황제는, 한 경기병의 말안장에 매여 겁에 질린 채 적의를 품고 있던 라코스트Lacoste라는 길잡이 농부가 산탄이 터질 때마다 그의 뒤로 숨으려 하자 "미련한 놈! 부끄럽지도 않으냐, 등 뒤에서 죽음을 당하려 하다니!"라고 말했다. 이 글을 쓰고 있는 작가 자신도 이 언덕의 푸석푸석한 경사면에서 모래 속을 헤집던 중, 46년 동안 산화되어 잘게 부수어진 포탄 목 부분의 잔해와 딱총나무 토막처럼 손가락 사이로 부스러져 떨어지는 삭은 쇠 동강이들을 발견했다.

　나폴레옹과 웰링턴이 전투를 벌였던, 여러 가지 모양의 경사를 이루고 있는 벌판의 기복은, 모두가 알다시피 이제는 1815년 6월 18일의 그것이 아니다. 이 죽음의 벌판에서 기념물이 될 만한 것을 모두 치워버렸기 때문에 실제 지형의 높낮이는 사라져버렸고, 역사도 당황하여 그곳에서 더 이상 자기 모습을 알아보지 못한다. 사람들은 이 싸움터를 영광스럽게 만들려다가 너무 많이 훼손했다. 2년 뒤 워털루를 다시 찾은 웰링턴은 이렇게 외쳤다. "나의 싸움터를 바꿔버렸군." 오늘날 거대한 피라미드 모양으로 흙을 쌓아 올려 사자상을 세워놓은 그 자리에 능선이 있었는데, 거기에서 니벨로 향하는 도로는 통행이 가능하게 완만한 경사를 이루고 있었으나, 주나프로 통하는 둑길 쪽은 거의 낭떠러지를 이루고 있었다. 이

워털루 전장의 현재 모습. 전투 당시에는 기복이 심했으나 지금은 평원의 모습을 하고 있다.

낭떠러지의 높이는 주나프에서 브뤼셀로 통하는 도로 양쪽에 솟아 있는 두 개의 언덕에 자리한 커다란 묘지의 높이를 통해 오늘날에도 가늠된다. 왼편은 영국군의 묘지이고, 오른편은 독일군의 묘지이다. 프랑스군의 묘지는 없다. 프랑스군에게는 그 벌판 전체가 묘지이다. 높이 150피트, 둘레 반 마일의 언덕을 쌓기 위해 사용된 수천 수레의 흙 덕분에 오늘날 몽생장 고지는 완만한 비탈을 따라 접근할 수 있는 곳이 되었으나, 전투 당시에 특히 라 에생트 쪽은 험하고 경사가 급해서 접근하기 어려웠다. 그쪽이 어찌나 가팔랐던지, 영국 포병대에게는 그 아래쪽에 있는, 전투의 중심이었던, 골짜기 안쪽에 위치한 농장이 보이지 않았다. 1815년 6월 18일, 밤새 내린 비가 땅을 파헤쳐 그 경사가 더 심해졌고, 진창 때문에 그 방면으로 올라가기는 더욱 어려워졌다. 병사들은 기어오르면서 진창에 빠져야 했다. 고지의 능선을 따라 참호 같은 것이 죽 이어져 있었는데, 멀리 있는 관측 요원으로서는 그것을 알아차릴 수가 없었다.

이 참호는 무엇이었을까? 그 이야기를 해보자. 브렌랄뢰와 오앵은 전형적인 벨기에 마을이다. 이 마을들은 둘 다 굽은 지형 속에 가려져 있으며 15리쯤 되는 도로 하나로 연결되어 있다. 이 도로는 기복 심한 벌판을 가로질러 종종 언덕 사이를 밭고랑처럼 뚫고 지나가므로, 곳곳마다 협곡을 이루고 있다. 1815년에도 이 도로는, 오늘날처럼 주나프와 니벨 방면으로 각각 나 있는 둔덕길들 사이에서 몽생장 고지의 능선을 가르고 있었다. 다만 오늘날에는 벌판과 같은 높이로 되어 있으나, 당시에는 움푹 들어간 길이었다. 기념 언덕을 쌓기 위해 이 도로의 양쪽 경사지를 파버린 것이다. 지금도 그렇지만 당시에도 이 도로는 대부분이 일종의 긴 구덩이였다. 어떤 구덩이는 깊이가 12피트나 되었는데, 경사가 너무 가팔랐으므로 특히 겨울에 소나기가 내릴 때면 여기저기서 무너져 내렸다. 여러 가지 사고도 발생했다. 브렌랄뢰로 들어가는 어귀는 너무 좁아서 행인 하나가 짐수레에 치여 죽기까지 했다. 그 사실은 묘지 옆에 세워져 있는 돌 십자가를 보면 알 수 있는데, 거기에는 "브뤼셀의 상인 베르나르 드브리 씨"라는 죽은 사람의 이름과 "1637년 2월"이라고 사고 날짜가 새겨져 있다.[37] 이 도로는 몽생장 고지에서는 하도 깊어서, 마티외 니케즈라는 농부가 1783년에 경사지가 무너지는 바람에 깔려 죽었다. 그러한 사실은 또 다른 돌 십자가에 적혀 있는데, 돌 십자가의 꼭대기는 그곳을 개간할 때 사라져버리고 그것의 받침대만이 오늘날에도 라 에생트와 몽생장의 농장 사이에 난 둔덕길 왼편의 잔디 비탈에 엎어져 있는 것을 볼 수 있다.

전투가 있었던 어느 날, 몽생장의 능선을 두르고 있는, 아무 경고 표지도 없는 이 움푹한 길은, 급경사면 꼭대기에 참호가 있고 땅 표면에는 수레바퀴 자국이 감춰져 있었지만 겉으로는 눈에 띄지 않았다. 다시 말하면 무서운 곳이었다.

---

37 (저자주) 비석에는 다음과 같이 새겨져 있다. "Dom—Cy〔더할 나위 없이 선하시고 높으신 천주께. 여기서〕 브뤼셀의 상인 베르나르 드브리 씨가 1637년 2월 〔며칠인지는 판독 불가〕 불행하게도 짐수레에 깔려 죽다."

6
황제가
길잡이 라코스트에게
질문하다

그러니까 워털루의 아침에 나폴레옹은 만족하고 있었다.

당연한 일이었다. 그가 구상한 전투 계획은, 우리가 확인했듯이 찬탄할 만한 것이었다.

일단 전투가 개시되자 예기치 못한 매우 다양한 일들이 일어났다. 우고몽의 저항, 라 에셍트의 완강함, 보뒤앵Bauduin의 전사, 푸아Foy의 전투력 상실, 수아Soye의 여단을 와해시킨 뜻밖의 장애물, 폭약도 화약 자루도 준비하지 않은 기유미노Guilleminot의 치명적인 소홀함, 진창에 빠져버린 포대들, 호위군이 없어 움푹 팬 길 속으로 억스브리지Uxbridge에 의해 곤두박질친 15문의 대포, 영국군 대열에 떨어졌으나 비에 흠뻑 젖은 땅에 박혀 진흙 화산을 만들고 흙탕물을 튀게 했을 뿐 별로 효과를 내지 못한 포탄, 헛되이 애만 쓰고 아무런 도움이 안된, 브렌랄뢰 방면에서 피레Piré가 펼친 양동작전,[38] 15개 중대로 구성되었던 그 기병대의 전멸에 가까운 패배, 끄떡도 하지 않는 영국군의 오른쪽 날개, 별로 타격을 받지 않은 왼쪽 날개, 제1군단의 4개 사단 병력을 사다리꼴로 배치하지 않고 밀집시킨 네의 기이한 오해, 그 결과 27열이나 되는 두터운 밀집 대열과 일제사격을 당한 앞 열의 병사 200명, 빽빽하게 늘어선 그 행렬 속에 〔적의〕 포탄이 뚫어놓은 무시무시한 구멍, 돌격 부대들 간의 협력 부재, 갑자기 은폐물이 벗겨진 대각선 쪽 포대들, 위험한 상황에 놓인 부르주아Bourgeois와 동즐로Donzelot 와 뒤뤼트Durutte, 격퇴당한 키오, 라 에생트의 문을 도끼로 부수던 순간 주나프와 브뤼셀을 잇는 길모퉁이에 바리케이드를 설치한 영국군이 내리갈긴 총격에 부상당한 에콜 폴리테크니크[39] 출신의 저 힘센 장사 비외Vieux 중위, 보병과 기병에 협공당하고 밀밭에서 베스트Best와 팩Pack이 지휘하는 부대에게 근

---

38 적의 경계를 분산시키기 위하여, 실제 전투는 하지 않지만 병력이나 장비를 기동하여 마치 공격할 것처럼 보임으로써 적을 속이는 작전.

39 에콜 폴리테크니크École polytechnique는 지금은 프랑스의 명성 높은 공학 계열 고등교육 기관이지만 나폴레옹 시대에는 군사학교였다.

접 사격을 당한데다 폰손비에게 칼로 난자당한 마르코네Mar-
cognet 사단, 그 부대의 못쓰게 된 일곱 문의 대포, 데를롱 백작
의 공격에도 불구하고 프리슈몽과 스모앵을 굳게 지킨 작센-
바이마르 대공, 105연대와 45연대의 빼앗긴 부대기들, 와브르
와 플랑스누아 사이를 정찰하던 기동 타격 부대 소속 척후기
병 300명에게 체포된 검은 군복의 프로이센 경기병, 그 포로
가 털어놓은 근심스러운 일들, 그루시[40]의 뒤늦은 합류, 한 시
간도 채 안 되는 동안에 우고몽의 과수원에서 전사한 1,500명
의 군사, 그보다 더 짧은 시간 동안 라 에생트 부근에서 쓰러
진 1,800명의 군사. 이 모든 파란만장한 사건들은 전쟁터를 뒤
덮은 구름처럼 나폴레옹의 눈앞을 지나갔지만 기껏해야 그의
시선에 약간의 동요를 일으켰을 뿐, 확신에 찬 황제의 얼굴을
전혀 어둡게 하지 못했다. 나폴레옹은 전쟁을 과감하게 딱 잘
라서 결정하는 데 익숙했지, 결코 자질구레한 세목을 일일이
합산해서 골치 아프게 계산하지 않았다. 숫자들은 그 총계인
'승리'를 가져다주기만 한다면 그에게는 별로 중요하지 않았

---

40 나폴레옹군 원수인 에마뉘엘 드 그루시Emmanuel de Grouchy(1766~1847)는 나폴레옹
의 총병력 10만 5,000명 중 약 3분의 1에 해당하는 3만 3,000명을 거느리고 블뤼허가
이끄는 프로이센군을 격퇴했지만, 블뤼허의 주력 부대가 웰링턴 군대와 다시 합류해
워털루에서 전투의 대세를 바꾸어놓는 것을 막지는 못했다.

다. 전투의 초반에 갈피를 못 잡아도 그는 조금도 걱정하지 않았다. 전투의 끝은 자신의 손아귀에 있고 결과는 자신의 것이라고 믿었기 때문이다. 자신이 예외적인 존재라고 생각한 그는 때를 기다릴 줄 알았고, 운명의 신을 자기와 대등한 존재로 대했다. 그는 운명에게 이와 같이 말하는 것 같았다. "너는 감히 그렇게 하지 못할 것이다."

나폴레옹은 자신이 빛과 어둠으로 나뉘어 있어, 선善 속에서는 보호되고 악惡 속에서는 용서를 받는다고 생각했다. 그는 고대의 불사신과 마찬가지로 사건들에 대해 묵인을 받았다고, 더 나아가 그 사건들과 거의 공범자라고 말할 수 있는 관계에 있다고 믿었다.

하지만 과거에 베레지나[41]와 라이프치히[42]와 퐁텐블로[43]의 일을 겪은 그였기에 워털루에 대해서도 경계를 해야 할 것 같았다. 눈살을 찌푸리는 신비로운 모습이 하늘 깊숙한 곳에 보였다.

---

41 1812년 나폴레옹이 이끄는 프랑스군은 모스크바에서 철수하던 중 베레지나 강에서 벌어진 전투에서 참패를 당했다.

42 라이프치히는 독일의 도시로, 1813년 독일과 폴란드에 남아 있던 나폴레옹의 프랑스 병력이 여기서 완전히 격파되었다(1813년 10월 16일~19일).

43 나폴레옹은 1814년 4월 16일 파리 북부 교외의 아름다운 성인 퐁텐블로에서 체결된 조약에 의해 지중해의 작은 섬 엘바로 유배된다.

그루시

나폴레옹군의 원수. 워털루 전투 이틀 전에 벌어진 리니 전투에서 패주하는 프로이센군을 추격하는 임무를 맡았으나 폭우 등의 악조건이 겹쳐 시간을 허비했고, 결국 블뤼허의 합류를 막지 못했다. 그림은 장 세바스티앙 루야르Jean Sébastien Rouillard의 1831년 판화 작품.

웰링턴이 후퇴하던 순간 나폴레옹은 온몸을 떨었다. 그는 돌연 몽생장 고지에서 군사들이 빠져나가고 영국군의 선봉부대가 사라지는 것을 보았다. 영국군은 다시 집결했지만 그곳을 빠져나가 버렸다. 황제는 등자를 딛고 몸을 반쯤 일으켜 세웠다. 승리의 섬광이 그의 눈앞을 스쳐 갔다.

웰링턴이 수아뉴 숲으로 쫓겨 들어가 궤멸된다면, 그것은 영국이 프랑스에 의해 결정적으로 타도된다는 것을 의미했다. 이것은 크레시[44]와 푸아티에[45]와 말플라케[46]와 라미이[47]에서의 패전을 복수하는 것이었다. 마렝고의 사나이[48]가 아쟁쿠르[49]의 치욕을 씻는 것이었다.

그 순간 황제는 전투의 전혀 예기치 못한, 이 무시무시한 격변을 심사숙고하면서 마지막으로 전장의 모든 지점을 망원

---

44 프랑스 북쪽, 영국 해협에 가까운 마을 크레시는 백년전쟁 초기인 1346년 영국 보병대에게 프랑스 기사군이 패배한 곳으로 유명하다. 이후 영국이 북프랑스에서의 우위를 확보했다.

45 푸아티에 전투를 말한다. 프랑스와 영국 사이에 벌어진 백년전쟁의 첫 번째 국면이 끝날 무렵, 1356년 9월 19일 프랑스의 국왕 장 2세가 참패를 당한 전투이다.

46 말플라케 전투를 말한다. 스페인 왕위계승전쟁(1701~1714) 당시 말버러Marlborough 공작이 치른 마지막 대규모 전투로, 1709년 9월 11일 몽스에서 남쪽으로 약 16킬로미터 떨어진 말플라케 마을 근처(지금의 프랑스-벨기에 국경의 프랑스 쪽 지역)에서 벌어졌다.

47 라미이 전투는 스페인의 왕위계승전쟁 때 1706년 5월 23일 말버러 공작이 이끄는 영국-네덜란드 동맹군이 프랑스군과 싸워 승리한 전투이다.

48 나폴레옹을 가리킨다. 마렝고 전투에 대해서는 각주 13번을 참고하라.

경으로 훑어보았다. 그의 등 뒤에서는 근위대가 총을 바닥에 세우고 숭배하는 듯한 눈으로 아래쪽에서 그를 우러러보고 있었다. 그는 깊은 생각에 잠겨, 경사면을 살피고, 비탈길에 유의하고, 잡목이 우거진 작은 숲과 호밀밭과 오솔길 들을 유심히 살폈다. 엉클어진 수풀들까지도 세는 것 같았다. 그는 두 둔덕길에 나무를 잘라 커다란 더미를 쌓아 올린 영국군의 바리케이드를 잠시 응시했는데, 하나는 라 에생트 위쪽에 있는 주나프로 통하는 길에 설치된 바리케이드로, 영국군의 전 포병대 중에서 유일하게 그곳에 남아 전투가 치러지는 골짜기 아래까지 내려다볼 수 있는 두 문의 대포로 방비되고 있었고, 또 하나는 니벨로 통하는 길에 설치된 바리케이드로, 샤세 여단 소속 네덜란드 병사들의 총검이 번쩍이고 있었다. 황제는 이 바리케이드 근처, 브렌랄뢰 쪽으로 통하는 지름길 모퉁이에 있는 하얗게 칠한 낡은 성 니콜라 예배당에서 눈길을 멈추었다. 그는 몸을 숙여 길잡이 라코스트에게 작은 소리로 뭔가를 물었다. 길잡이는 아니라는 듯 머리를 가로저었다. 아마 믿을 만한 게 못 되는 허위 대답이었을 것이다.

　황제는 다시 몸을 일으키고 생각에 깊이 잠겼다.

49　아쟁쿠르는 프랑스 북부의 작은 마을이다. 백년전쟁 중반기인 1415년 10월 25일, 영국의 헨리 5세가 여기서 프랑스군을 상대로 대승을 거두었다.

웰링턴은 후퇴했다. 이제 남은 일은 여세를 몰아 그의 군대를 격멸하는 것뿐이었다.

　　나폴레옹은 불현듯 돌아서더니 전령에게, 파리를 향해 전속력으로 달려가 승전 소식을 알리라고 했다.

　　나폴레옹은 천둥을 만들어내는 그런 천재 중 하나였다.

　　그는 방금 자신의 벼락을 찾아낸 것이었다.

　　그는 밀로Milhaud의 흉갑 기병들에게 몽생장 고지를 점령하라고 명령을 내렸다.

7
예기치 못한 일

    흉갑 기병대의 수는 3,500명이었다. 그들은 약 1킬로미터에 걸쳐 포진했다. 육중한 말을 탄 거구의 사나이들이었다. 그들은 26개 중대로 편성되었고, 르페브르-데누에트Lefeb-vre-Desnouettes 사단과 정예 기병 106명, 근위대 소속 전투병 1,197명, 근위대 소속 창기병 880명이 후방을 엄호하고 있었다. 그들은 깃털 장식 없는 투구를 쓰고, 연철鍊鐵 갑옷을 입고, 안장에 달린 가죽 주머니에는 권총을 넣고, 긴 군도를 차고 있었다. 아침 9시에 나팔 소리가 울리고 군악대가 〈제국의 안녕을 지키자〉를 연주하는 동안, 그들이 포대 하나는 측면에, 또하나는 중앙에 배치하고 밀집 종대를 이루고 와서, 주나프로

이어지는 둔덕길과 프리슈몽 사이에서 2열로 전개하여 나폴레옹이 교묘하게 구성한 강력한 제2선에서 그들의 전투 위치를 잡았을 때, 프랑스군 전체는 그들에게 찬사를 보냈다. 이 제2선은 왼쪽 끝에는 켈레르만Kellermann의 흉갑 기병이 자리를 잡고, 오른쪽 끝에는 밀로의 흉갑 기병이 자리를 잡아, 말하자면 두 개의 철갑 날개를 이루었다.

부관 베르나르Bernard는 그들에게 황제의 명령을 전달했다. 네가 칼을 빼어 들고 선두에 섰다. 엄청난 수의 기병 중대가 움직이기 시작했다.

이윽고 엄청난 광경이 펼쳐졌다.

그 기병대 전체가 긴 칼을 높이 빼 들고, 깃발을 바람에 펄럭이며 우렁찬 나팔 소리와 함께, 사단별로 종대를 이루어, 한명이 움직이는 것처럼 일사불란하게, 돌파구를 뚫는 청동 파성추처럼 정확하게 라 벨알리앙스의 언덕을 내려가, 이미 많은 병사들이 쓰러져 있는 그 무시무시한 골짜기 속으로 파고들어 화약 연기 속으로 사라지더니, 다음 순간 그 어둠에서 나와 골짜기 맞은편에 나타나서는, 여전히 밀집 대형을 유지한채, 머리 위에서 퍼져 터지는 산탄의 연기를 뚫고, 몽생장 고지의 끔찍한 진흙 비탈을 날쌔게 달려 올라갔다. 그들은 장엄하게, 위협적으로, 조금도 흔들리지 않고 올라갔는데, 화승총

사격 소리와 대포 소리 사이사이로 지축을 흔드는 발 구르는 소리가 들렸다. 그들은 2개의 사단으로 나뉘었기 때문에 2열 종대를 이루고 있었는데, 바티에Wathier의 사단이 오른편, 들로르Delord의 사단이 왼편에 있었다. 멀리서 보면 〔몽생장〕 고지의 능선 쪽으로 거대한 강철 뱀 두 마리가 기어오르는 것 같았다. 그것은 전장을 가로지르는 초자연적 동물 같았다.

그런 장관이 펼쳐진 것은 나폴레옹의 대규모 기병대가 모스크바의 거대한 각면보를 점령한 이후 처음이었다. 뮈라[50]는 여기에 없었으나 네는 여기에도 다시 나타나 있었다. 이 무리는 괴물로 변하여 하나의 넋만 가지고 있는 것 같았다. 각 기병 중대는 폴립의 촉수처럼 굼실대기도 하고 부풀기도 했다. 자욱한 연기의 갈라진 틈새로 그들의 모습이 보였다. 투구와 고함과 긴 칼들의 뒤섞임, 포성과 트럼펫 소리에 격렬하게 날뛰는 말들의 궁둥이, 정연하고도 소름 끼치는 소란, 그리고 그 위를 덮고 있는 히드라의 비늘 같은 흉갑들.

마치 다른 시대의 이야기 같다. 이와 비슷한 광경이 오르

---

50 조아생 뮈라Joachim Murat(1767~1815)는 프랑스 혁명전쟁과 나폴레옹 전쟁 때 활약한 프랑스군 장군이자 나폴레옹이 임명한 26인 원수 중 한 명으로, 나폴레옹군 최고의 기병대장이었다. 1812년에 나폴레옹의 러시아 침공에 참가했고 모스크바 남서쪽의 보로디노에서 큰 공을 세웠다.

나폴레옹의 군대는 장엄하게, 위협적으로, 조금도 흔들리지 않고 올라갔다.

페우스의 오래된 서사시에 나오는데, 이 서사시에는 반인반마半人半馬, 고대의 인마人馬들처럼 인간의 얼굴에 말의 가슴팍을 한 거대한 종족들, 무시무시하고 불사신이며 탁월한, 신이면서도 짐승인 종족들이 한달음에 올림포스 산을 오르는 장면이 등장한다.

기묘한 숫자의 일치였으니, 26개 대대 병력의 영국군이 이 26개의 프랑스군 기병 중대를 맞이하려 하고 있었다. 고지의 능선 뒤, 가리어 숨겨진 포대 아래에는 영국군 보병대가 2개 대대씩 13개의 방진을 형성했다. 제1선에는 7개의 방진이, 제2선에는 6개의 방진이 포진하여 두 줄로 전선을 펴고서, 개머리판을 어깨에 받치고, 바야흐로 앞에 나타날 적을 향해 총을 겨눈 채 조용히 아무 말 없이 미동도 하지 않고 기다리고 있었다. 그들에게는 흉갑 기병들이 보이지 않았고, 흉갑 기병들에게도 그들이 보이지 않았다. 그들은 다만 사람들이 물결처럼 밀고 올라오는 소리를 들을 수 있을 뿐이었다. 점차 커져 오는 말 3,000필의 소리, 빠르게 달리면서 규칙적으로 번갈아 땅을 치는 말발굽 소리, 흉갑이 서로 닿아 마찰되는 소리, 긴 칼들이 부딪치는 소리, 그리고 커다랗고 사나운 숨소리 같은 것이 들려왔다. 잠시 무서운 정적이 흘렀고, 이어서 긴 칼을 높이 휘두르는 팔들의 긴 행렬이 능선 위로 별안간 나타나더니, 투구와 나팔과 깃발과 허옇게 콧수염을 기른 3,000개의 얼굴이 나타나 "황제 폐하 만세!"를 외쳤다. 그 기병대가 고지 위로 일제히 몰려왔는데, 그 기세가 마치 지진이 덮쳐오는 것 같았다.

그런데 갑자기 비극적인 일이 발생했다. 영국군의 왼편, 즉 프랑스군의 오른편에서 세로로 줄지어 달리던 흉갑 기병대 선두의 말들이 끔찍한 소리를 내며 앞발을 들고 섰다. 적의 방진과 대포를 때려 부수려고 미친 듯이 질풍 같은 기세로 능선 꼭대기에 도달한 흉갑 기병들이 자기들과 영국군 사이에 있는 하나의 참호를, 하나의 구덩이를 보았던 것이다. 그것은 오앵으로 통하는 움푹한 길이었다.

아주 끔찍한 순간이었다. 뜻밖에도 협곡이 말발굽 아래에서 절벽을 이루고, 양 비탈 사이에 2투아즈[51]나 되는 깊이로 입을 딱 벌리고 있었다. 그 속으로 제2열이 제1열을 밀어뜨리고, 제3열은 다시 제2열을 밀어뜨렸다. 말들은 몸을 세우고 뒤로 펄쩍 물러나면서 엉덩방아를 찧으며 넘어졌고, 허공에서 네 발을 허우적거렸고, 그러면서 기병들을 짓찧거나 엎어뜨렸다. 퇴각할 방법이 전혀 없었다. 돌진해오던 종대 전체는 이제

---

51 투아즈toise는 길이의 단위로, 6피트 혹은 약 2미터에 해당한다.

발사된 포탄에 불과했다. 영국군을 분쇄하기 위해 애써 모았던 힘이 도리어 프랑스군을 분쇄했다. 무정한 협곡은 희생물로 가득 채우기 전에는 조금도 만족할 줄 몰랐다. 기병들과 말들은 그 깊은 구렁 속에서 엉망으로 뒤섞여 나뒹굴고 서로를 으스러뜨리며 단지 하나의 살덩어리를 이루었다. 그 구덩이가 산 사람들로 가득 채워졌을 때, 사람들이 그 위를 걸어갔고 나머지 것들도 지나갔다. 뒤부아Dubois 여단의 거의 3분의 1이 그 심연 속에 파묻혔다.

이것이 패전의 시작이었다.

이 고장에 전해 내려오는 이야기에 따르면, 물론 과장된 것이겠지만, 2,000필의 군마와 1,500명의 군사가 오앵의 이 움푹한 길에 묻혔다고 한다. 그 숫자에는 아마 전투 다음 날 이 협곡 속으로 내던져진 다른 시신들의 수도 모두 포함되어 있을 것이다.

말이 나온 김에 짚고 넘어가자면, 한 시간 전에 단독으로 작전을 수행하여 뤼네부르크 대대의 부대기를 빼앗았던 것도 바로 이 참변을 당한 뒤부아 여단이었다.

나폴레옹은 밀로의 흉갑 기병들에게 이 돌격 명령을 내리기 전에 지형을 면밀히 살폈으나, 고지 표면에 한 줄의 주름도 드러내지 않은 그 움푹한 길은 발견하지 못했다. 그렇지만 니

말들은 몸을 세우고 뒤로 펄쩍 물러나면서 엉덩방아를 찧으며 넘어졌고, 허공에서 네 발을 허우적거렸고, 그러면서 기병들을 짓찧거나 엎어뜨렸다.

벨로 통하는 둔덕길 모퉁이의, 하얗게 칠한 작은 예배당이 마음에 걸려 장애물이 있는지 길잡이 라코스트에게 물어본 것인데, 그 길잡이는 없다고 대답한 것이다. 일개 농부의 그 고갯짓에서 나폴레옹의 파국이 비롯되었다고 해도 과언이 아닐 것이다.

이 밖에 피할 길 없는 불운도 잇따라 일어났다.

나폴레옹이 그 전투에서 승리하는 것이 과연 가능했을까? 우리는 "아니다"라고 대답한다. 왜? 웰링턴이나 블뤼허 때문이었을까? 아니다. 나폴레옹의 패전은 바로 하늘의 뜻이었기 때문이다.

보나파르트가 워털루의 승리자가 되는 것, 그것은 더 이상 19세기의 법칙에는 들어맞지 않는 일이었다. 나폴레옹으로서는 어쩔 수 없는 일련의 사태가 이미 벌어지고 있었다. 그에게 악의를 품은 여러 사건들이 오래전부터 예고되고 있었던 것이다.

이 원대한 포부를 품은 인간도 세력을 잃고 물러날 때가 온 것이다.

인류의 운명에서 이 한 사람의 과도한 무게가 균형을 깨뜨리고 있었다. 나폴레옹 혼자서 전체 인류보다 더 큰 비중을 차지하고 있었다. 인류의 활력이 단 한 사람의 머릿속에 지나

뒤부아 여단의 거의 3분의 1이 그 심연 속에 파묻혔다.

치게 집중되고 세계가 한 사람의 머릿속에서 기획되는 일이 계속된다면, 그것은 문명에 치명상을 입힐 것이다. 바야흐로 부패하지 않은, 청렴하고 절대적인 공정성이 옳고 그름을 판단할 때가 온 것이다. 도덕의 영역에도 물질의 영역과 같이 일정한 중력 관계가 있는데, 그 균형을 유지하는 원리들과 요소들이 아마도 불만을 표했으리라. 철철 고이는 피, 넘쳐나는 묘지들, 눈물 흘리는 어머니들과 같은 것이 그 주장을 무섭게 편들고 있다. 대지가 너무 무거운 짐에 짓눌려 고통을 겪을 때에는 어둠 속에서 신비한 신음 소리가 나고, 심연도 그 소리를 듣는다.

나폴레옹은 무한자에게 고발되어 있었고, 그의 추락은 결정되어 있었다.

그는 신을 곤란하게 하고 있었다.

워털루는 단순히 하나의 전투가 아니라 이 세계의 얼굴이 바뀌는 순간이었던 것이다.

8
몽생장 고지

협곡과 함께 가려져 있던 포대도 모습을 드러냈다.

60문의 대포와 13개의 방진이 지극히 가까운 거리에서 흉갑 기병들에게 포화를 퍼부었다. 용감한 들로르 장군은 영국 포병대에 거수경례를 했다.

영국군 포병대의 기동 타격 대원들은 방진 속으로 모두 재빨리 뛰어 들어갔다. 흉갑 기병들은 멈춰 설 겨를조차 없었다. 움푹한 길의 재앙에서 그들은 수많은 병력을 잃었지만 용기는 잃지 않았다. 수가 줄어들수록 용기를 더 내는 그런 용사들이었다.

바티에 사단의 종대 병력만이 협곡의 참사를 겪었다. 마치 함정을 눈치챈 듯 네가 들로르의 종대 병력을 왼편으로 비스듬히 돌아가게 했기 때문에 들로르의 종대 병력은 모두 무사히 고지에 도착했다.

흉갑 기병들은 영국군의 방진들을 향해 돌진했다.

전속력으로, 고삐를 늦추고, 칼을 입에 물고, 권총은 손에 쥔 채 공격을 가했다.

전투 중에는 정신이 인간을 단단하게 만들어 병사를 입상_{立像}으로, 그의 모든 살을 화강암으로 변하게 하는 순간들이 있다. 영국군 부대들은 미친 듯한 프랑스군의 공격을 받고도 끄떡도 하지 않았다.

그러자 더욱 끔찍한 양상이 전개되었다.

영국군 방진들은 사면四面 모두에서 동시에 공격을 받았다. 격렬한 소용돌이가 그들을 에워쌌다. 그러나 그 냉정한 보병들은 조금도 동요하지 않았다. 제1열은 무릎을 꿇고 흉갑 기병들을 총검으로 맞이했고, 제2열은 그들에게 총탄을 퍼부었다. 제2열 뒤에서는 포병들이 포탄을 장전하고 대기했고, 방진의 전면이 열렸다가 포탄이 발사된 다음 다시 닫히곤 했다. 흉갑 기병들은 분쇄 작전으로 맞서 싸웠다. 그들의 육중한 말들은 뒷발로 일어섰다가, 전열을 뛰어넘고 총검 위를 건너뛰어, 살아 있는 사람들로 이루어진 사면 한복판에 거인처럼 내려섰다. 포탄들은 흉갑 기병들의 가슴을 꿰뚫었고, 흉갑 기병들은 방진에 돌파구를 뚫었다. 병사들의 대열은 말들 아래에서 분쇄되어 흩어졌다. 총검들이 이 켄타우로스[52]들의 옆구리를 찔렀다. 그리하여 아마 다른 데서는 볼 수 없을 기괴한 상처들이 생겨났다. 영국군 방진들은 이 광포한 기병들에게 물어뜯겨 줄어들었으나 흔들리지는 않았다. 포탄을 무한정 갖고 있던 방진들은 그것들을 공격군의 한복판에 작렬시켰다. 그 전투의 광경은 가공할 만한 것이었다. 방진들은 더 이상 전투 부대가 아니라 분화구였고, 흉갑 기병들은 더 이상 기병대가 아니라 폭풍우였다. 각 방진은 구름에 공격당하는 화산이었고, 용암은 벼락을 상대로 싸우고 있었다.

모든 방진들 중에서 적에 가장 많이 노출되어 있던 맨 오른쪽 방진은, 공중에 세워진 셈이라 양측의 충돌이 시작되자마자 거의 와해되었다. 그 방진은 스코틀랜드 고지대 출신들로 구성된 제75연대 병사들로 편성되어 있었다. 중앙에 있던 백파이프 연주 병사는 자기 주위에서 살육전이 벌어지는 동안 고향의 숲과 호수를 회상하며, 너무나 부주의하게도 우수 어린 눈을 내리깐 채 북 위에 걸터앉아, 백파이프를 팔에 끼고

---

52 그리스 신화에 나오는 괴물. 상반신은 인간이고 하반신은 말인 야만적인 종족으로 테살리아의 페리온 산에 살았는데 성질이 난폭했다고 한다.

고향 산악지대의 노래를 연주했다. 마치 그리스 전사들이 아르고스[53]를 회상하면서 죽어갔듯이 스코틀랜드 병사들은 벤로디언[54]을 회상하며 죽어가고 있었다. 한 프랑스 흉갑 기병의 칼이 백파이프와 그것을 쥐고 있던 손을 내려쳐서 연주자를 죽이고 노래를 멈추게 했다.

흉갑 기병들은 협곡의 재앙으로 수가 줄어 상대적으로 열세였으나 거의 영국군 전체와 교전하면서 병사 하나가 적 열명을 능히 감당했다. 그러는 동안 몇몇 하노버 대대들의 기세가 꺾이기 시작했다. 웰링턴은 그것을 보고 자신의 기병대를 생각해냈다. 만약 그 순간에 나폴레옹이 자신의 보병대를 생각했다면 그가 전투에서 승리했을 것이다. 그 사실을 잊어버린 것이 그의 치명적인 실수였다.

공격을 하고 있던 흉갑 기병들은 문득 자신들이 공격을 받고 있다는 것을 알아차렸다. 영국 기병대가 그들의 등 뒤에 와 있었다. 그들 앞에는 방진이 가로막고 있었고 뒤에서는 서머싯이 달려들고 있었다. 서머싯은 1,400명의 근위 용기병을 거느리고 있었다. 서머싯의 오른편에서는 도른베르크Dornberg

---

53 그리스의 가장 오래된 도시. 펠로폰네소스 북동부에 있다.
54 로디언Lothian은 스코틀랜드 남부 지역을 가리키고, 벤Ben은 풍요로운 평야를 둘러싼 높은 산봉우리를 뜻한다.

백파이프 연주 병사는 자기 주위에서 살육전이 벌어지는 동안 고향의 숲과 호수를 회상하며, 너무나 부주의하게도 우수 어린 눈을 내리깐 채 북 위에 걸터앉아, 백파이프를 팔에 끼고 고향 산악지대의 노래를 연주했다.

가 독일 경기병 부대를, 왼편에서는 트립Trip이 벨기에 소총 기병대를 지휘하고 있었다. 흉갑 기병들은 보병과 기병에게 전후좌우로 공격을 받아 사면팔방으로 대적하지 않으면 안 되었다. 하지만 흉갑 기병들은 두려울 것이 없었다. 그들은 회오리바람이었다. 그들의 용맹함은 말로 표현할 수 없을 지경이었다.

게다가 그들 뒤에서는 끊임없이 포성이 쾅쾅 울리고 있었다. 그들의 등에 상처를 입히기 위해서는 그렇게 하는 수밖에 없었다. 그들의 흉갑들 중 총탄에 왼쪽 견갑골 부위가 뚫린 것 하나가 이른바 워털루 박물관이라는 곳에 진열되어 있다.

그러한 프랑스군과 맞서 싸우기 위해서는 역시 그러한 영국군이 필요했던 것이다.

그것은 더 이상 단순한 혼전混戰이 아니라, 음영이요, 분노요, 정신과 용기의 어지러운 격정이요, 번개 같은 검들의 폭풍우였다. 〔서머싯의〕 근위 용기병 1,400명이 순식간에 800명으로 줄었고, 그들의 중령인 풀러Fuller도 전사했다. 네가 르페브르-데누에트의 창기병과 근위 전투병을 거느리고 달려왔다. 몽생장 고지는 탈취되었다가, 탈환했다가, 또다시 탈취되었다. 흉갑 기병들은 영국군 기병대를 상대하다가 다시 보병대를 상대하기 위해 돌아섰다. 아니, 더 정확하게 말하자면, 엄청나게 뒤얽힌 이 모든 일단의 무리들은 서로 놓아주지 않고 드잡이를 치고 있었다. 방진들은 여전히 버티고 있었다. 열두 번이나 돌격이 감행되었다. 네가 탔던 말이 네 마리나 죽었다. 흉갑 기병들 중 절반이 고지에 남아 있었다. 이 싸움은 두 시간 동안 계속되었다.

영국군은 그 때문에 심각한 타격을 받았다. 만약에 흉갑 기병들이 움푹한 길의 재앙으로 첫 번째 충돌에서 전력이 약화되지 않았다면, 그들은 적의 중앙을 격파하여 승리를 굳혔을 것이다. 이 놀라운 기병대는 탈라베라와 바다호스[55]의 전투를 겪은 클린턴마저 아연실색하게 했다. 4분의 3 정도 패배한 처지에서도 웰링턴은 영웅답게 적을 칭송했다. 그는 나지막한 목소리로 말했다. "참으로 훌륭하도다Sublime!"[56]

흉갑 기병들은 영국군의 13개 방진 가운데 7개를 파괴했고, 60문의 대포를 노획하거나 대포의 화문火門에 못을 박아 못 쓰게 만들었으며, 영국군 연대기 6개를 빼앗았다. 3명의 흉갑 기병과 3명의 근위 전투병이 라 벨알리앙스의 농장 앞에 진을 치고 있던 황제에게 빼앗은 군기軍旗를 가져갔다.

웰링턴의 상황은 나빠졌다. 이 기이한 전투는 서로 싸우

---

55   프랑스군과 영국군이 스페인의 탈라베라(1809년 7월 27일과 28일)와 포르투갈과의 접경 지역에 있는 바다호스(1811년 5월~6월)에서 벌인 전투를 말한다.

56   (저자주) 그가 원래 한 말은 "Splendid!"이다.

고 계속 버티면서 모든 피를 쏟고 있는 필사적인 두 부상자 간의 결투와 같았다. 둘 중에 누가 먼저 쓰러질 것인가?

고지에서의 전투는 계속되었다.

흉갑 기병들은 어디까지 진격했던가? 아무도 〔정확하게〕말할 수 없으리라. 분명한 것은 전투 다음 날 몽생장에 있는 마차 화물 중량 측정소에서, 즉 니벨, 주나프, 라 윌프, 브뤼셀로 통하는 네 개의 도로가 교차하는 바로 그 지점에서 흉갑 기병 한 명과 그의 말이 죽은 채 발견되었다는 사실이다. 그 기병은 영국군 전선을 돌파했음을 뜻한다. 그 시체를 수습한 사람들 중의 한 명은 아직도 몽생장에 살고 있다. 그의 이름은 드아즈Dehaze인데, 당시 열여덟 살이었다.

웰링턴은 대세가 기울고 있음을 느꼈다. 위기가 눈앞에 닥쳐 있었다.

영국군의 중앙이 뚫리지 않았다는 점에서는 흉갑 기병대가 전혀 성공하지 못했다고 할 수 있다. 양측 모두 고지를 차지하고 있었으므로 〔실은〕 아무도 그것을 차지하지 못한 셈이었고, 결국 거의 대부분은 영국군의 수중에 있었다. 웰링턴은 마을과 고지의 평야를 차지하고 있었고, 네는 고지의 능선과 비탈밖에 차지하지 못하고 있었다. 양측 모두 이 음산한 땅에 뿌리박혀 있는 것 같았다.

앙투안 샤를 오라스 베르네Antoine Charles Horace Vernet와 자크 프랑수아 스웨바시Jacques François Swebach가 채색한 석판화, 〈몽생장 전투〉(19세기 초).

그러나 영국군의 약화는 돌이킬 수 없어 보였다. 영국군의 출혈은 엄청났다. 왼쪽 날개에 있던 켐프트가 지원군을 요청했다. 이에 웰링턴은 "보낼 병력이 없어. 거기서 꼼짝 말고 사수하라고 해!"라고 대답했다. 거의 같은 순간에, 양측 군대의 피해가 비슷했다는 기묘한 증거겠지만, 네도 나폴레옹에게 보병들을 요청했다. 나폴레옹이 외쳤다. "보병이라고! 그걸 어디서 데려오라는 거야? 만들어내기라도 하라는 거야?"

그렇지만 영국군의 병세가 더 위중했다. 강철 같은 흉부에 철갑을 두른 위대한 프랑스 기병대의 맹렬한 압박으로 영국군 보병대는 깨지고 부스러졌다. 군기 하나를 둘러싸고 있는 몇몇 병사들이 한 연대의 지휘부 위치를 말해주고 있었지만, 그 부대는 겨우 대위나 중위가 지휘하고 있을 뿐이었다. 라 에생트에서 이미 심각한 손실을 입은 알텐 사단은 거의 와해되었고, 반 클루제 Van Kluze 여단의 용감무쌍한 벨기에 병사들의 시체는 니벨로 이어지는 도로 연변의 호밀밭을 뒤덮고 있었다. 1811년에 스페인에서 프랑스군에 편성되어 웰링턴과 싸우고, 1815년에 영국군과 연합하여 나폴레옹과 싸웠던 네덜란드 척탄병들도 거의 전멸했다. 장교들의 손실이 심각했다. 이튿날 [물러서지 않기 위해] 땅에 자신의 다리를 파묻게 한 억스브리지 경卿은 무릎이 깨졌다. 흉갑 기병대가 투입된 이 전투에서 프랑스군은 들로르, 레리티에Lhéritier, 콜베르Colbert, 드노프Dnop, 트라베르, 블랑카르Blancard가 전투력을 상실했고, 영국군 중에서는 알텐과 반Barne이 부상을 입었고, 들랜시Delancey와 반 메를렌Van Merlen과 옴프테다가 전사했으며, 웰링턴의 모든 참모도 목숨을 잃어, 그 출혈을 비교할 때 영국군의 피해가 훨씬 더 심했다. 근위 보병 제2연대는 중령 5명과 대위 4명, 그리고 군기 3개를 잃었다. 보병 제30연대 제1대대는 장교 24명과 사병 112명을 잃었다. 산악 보병 79연대는 장교 24명이 부상당했고, 장교 18명이 전사했으며, 사병 450명이 전사했다. 컴벌랜드Cumberland의 하노버 출신 경기병들은 하케Hacke 대령의 지휘를 받고 있었는데, 연대원 전체가 고지에서 벌어진 그 혼전 앞에서 말머리를 돌려 수아뉴 숲으로 도망쳤고, 브뤼셀까지 뿔뿔이 흩어져 달아났다. 하케 대령은 후일 재판을 받고 면직되었다. 군수품을 실은 마차, 탄약 수송 마차, 공병 장비 마차, 부상병을 가득 실은 덮개 있는 마차가 프랑스군이 전진하여 숲에 접근하는 것을 보고 허겁지겁 숲 속으로 도망쳤다. 프랑스군 기병대에게 긴 칼로 일격을 당한 네덜란드 병사들은 "위험해!"라고 외쳐댔다. 현재까지 생존해 있는 목격자들의 이야기에 따르면, 베르쿠쿠에서 그뢰넨델에 이르기까지, 브뤼셀 방면으로 거의 20리에 걸쳐서, 도망병들이

앙리 펠릭스 에마뉘엘 필리포토Henri Félix Emmanuel Philippoteaux, 〈워털루 전투 : 프랑스 흉갑 기병의 공격을 받는 영국군 방진〉(1874).

길을 가득 메웠다고 한다. 그때의 공포가 얼마나 컸던지, 당시 말린〔메헬렌〕에 있던 콩데Condé 대공과 강〔헨트〕에 있던 루이 18세에게까지 번질 정도였다. 몽생장의 농장에 설치한 야전 병원 뒤에 사다리꼴로 포진해 있던 소수의 예비대와, 왼쪽 날 개를 방어하고 있던 비비언과 반델뢰르Vandeleur 여단들을 제 외하면 웰링턴에게는 남은 기병대가 더 이상 없었다. 수많은 대포들이 못 쓰게 된 채 뒹굴고 있었다. 이러한 사실들은 시번 Siborne이 털어놓은 것이다. 그리고 프링글Pringle은 당시의 참상 을 과장하여 영국과 네덜란드 연합군이 3만 4,000명으로 줄었 다고까지 했다. '철의 공작' 웰링턴은 침착함을 유지하고 있었 으나, 그의 입술은 파랗게 질려 있었다. 영국군 참모부의 일원 으로 참전했던 오스트리아 판무관[57] 빈센트Vincent와 스페인 판 무관 알라바Alava는 공작이 패배했다고 생각했다. 5시가 되자 웰링턴은 회중시계를 꺼내〔들여다보며〕다음과 같은 우울한 말을 중얼거렸다. "블뤼허가 오는가? 밤이 오는가?"

바로 그 무렵 저 멀리 일렬로 정렬한 총검들이 프리슈몽 쪽 고지대에서 번쩍거렸다.

거대한 비극의 변화가 일어나는 순간이었다.

---

57 정치, 외교 등의 업무를 처리하도록 보호국이나 식민지에 파견하는 관리.

9

나폴레옹에게는 나쁜 길잡이, 뷜로에게는 좋은 길잡이

나폴레옹의 통탄할 만한 오산에 대해서는 알려진 바와 같다. 그루시를 기다리고 있었는데 뜻밖에 블뤼허가 온 것이었다. 생명 대신에 죽음이 온 것이었다.

운명에는 그런 전환점들이 있다. 세계의 옥좌를 기대하고 있었는데 나타난 것은 세인트헬레나였다.

만약 블뤼허의 부관 뷜로[58]의 길잡이 노릇을 하던 어린 목동이 플랑스누아 아래쪽이 아니라 프리슈몽 위쪽 숲으로 빠져나가라고 권했다면 19세기의 양상은 아마도 달라졌을 것

---

58 프리드리히 빌헬름 프라이허 폰 뷜로Friedrich Wilhelm Freiherr von Bülow(1755~1816)는 나폴레옹 전쟁 당시의 프로이센 장군이다.

왼쪽_뷜로

프로이센의 장군으로 블뤼허의 부관이었으며 프로이센군의 플랑스누아 공격을 주도했다.

오른쪽_뮈플링

워털루 전투에 대한 기록을 다수 남긴 프로이센의 장군이다.

이다. 나폴레옹은 워털루 전투에서 이겼을 것이다. 플랑스누아 아래쪽 길이 아닌 다른 길을 선택했다면 프로이센군은 포병대가 통과할 수 없는 협곡에 이르렀을 것이고, 결국 뷜로는 〔전투 현장에〕 도착하지 못했을 것이다.

프로이센의 뮈플링[59] 장군이 언명한 것처럼, 한 시간만 늦

---

59 카를 프라이허 폰 뮈플링Karl Freiherr von Müffling(1775~1851)은 프로이센의 장군으로, 워털루 전투에 관한 다양한 기록을 남겼다.

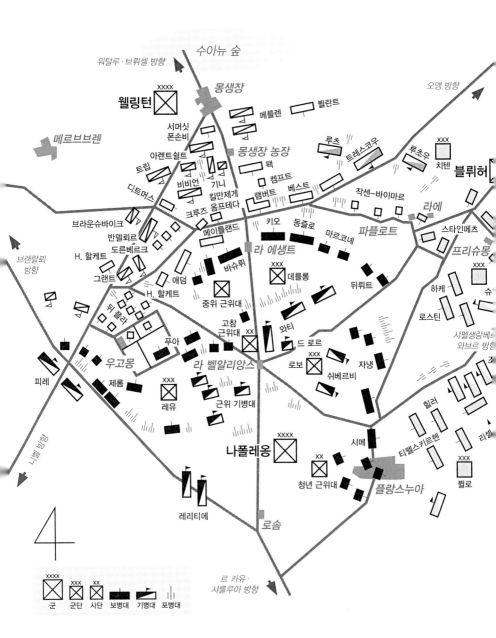

워털루 전투
1815년 6월 18일 오후 7시 30분

수아뉴 숲

워털루·브뤼셀 방향

오앙 방향

몽생장

웰링턴

메를렌   뷜란트

메르브브렌

서머싯
폰손비

아렌트쉴트   몽생장 농장

루츠   트레스코우

루초우

치텐

블뤼허

트립   기니

비비언   팩   켐프트

디트머스   킬만제게
옴프테다   랭버트   베스트

작센-바이마르

라에

브라운슈바이크   크루즈   키오   동즐로   마르코네

스타인메츠

반델뢰르   메이틀랜드   라 에생트   파플로트   프리슈몽

H. 할케트   도른베르크   애덤

H. 할케트   바슈뤼   데를롱   뒤뤼트   하케   슈

그랜트   중위 근위대   로스틴

샤펠생랑베르·
와브르 방향

뒤플라   고참   XX   와티   드 로르

근위대   로보   쉬베르비   자냉

푸아   라 벨알리앙스

피레   우고몽   자냉

제롬   시메   티펠스키르헨   힐러   리셀

레유   근위 기병대

나폴레옹   XX   청년 근위대   뷜로

플랑스누아

레리티에

로솜

르 카유·
샤를루아 방향

XXXX   XXX   XX   군   군단   사단   보병대   기병대   포병대

었어도 블뤼허는 웰링턴이 버티고 있는 모습을 보지 못했을 것이고 "전투는 패배로 끝이 났을 것이다".

그렇다. 지금이야말로 뷜로가 도착해야 할 시간이었다. 그런데 그는 예정된 시간을 훨씬 넘겼다. 그는 디옹르몽에서 야영을 하고 첫새벽에 출발했다. 하지만 앞으로 나아가기 어려울 정도로 길이 험했고, 그의 사단들은 진창에 발이 묶였다. 대포를 끄는 수레들의 바퀴 한가운데까지 진흙으로 덮였다. 게다가 와브르의 좁은 다리로 딜〔데일레〕강을 건너야만 했는데, 그 다리로 이어지는 길 양편 집들에 프랑스군이 불을 질러놓았다. 포병대의 군용 수송 마차들과 화물 마차들은 불타오르는 집들 사이를 지나갈 수 없어서 불이 꺼지길 기다려야만 했다. 정오가 되도록 뷜로의 전위대는 샤펠생랑베르에도 이르지 못했다.

전투가 두 시간만 더 일찍 시작되었어도 오후 4시에는 끝이 났을 것이고, 블뤼허는 나폴레옹이 이미 승리를 거둔 뒤에야 전쟁터에 도착했을 것이다. 우리가 지각할 수 없는 어떤 무한無限에 상응하는 거대한 우연이란 그러한 것이다.

정오부터 황제는 그 누구보다도 먼저 망원경으로 멀리 지평선 끝에서 그의 주의를 집중시키는 뭔가를 보았다. 그는 말했다. "저기에 구름이 하나 보이는데, 군대인 것 같다." 그리고는 달마티아 공작에게 물었다. "술트, 샤펠생랑베르 방면에

루트비히 엘스홀츠Ludwig Elsholtz, 〈플랑스누아 마을 공격〉(1843).

무엇이 보이는가?" 원수는 자기의 망원경을 그쪽으로 돌려보고 대답했다. "사오천의 군사입니다, 폐하. 그루시임이 분명합니다." 그러는 동안 그것은 안개 속에서 미동도 하지 않고 잠자코 있었다. 참모들의 모든 망원경이 황제가 언급한 '구름'이라는 것을 유심히 살폈다. 그들 중 몇몇은 "저것은 휴식을 취하고 있는 군대의 행렬입니다"라고 말했고, 참모들 대부분은 "저것은 나무들입니다"라고 말했다. 사실인즉 그 구름은 움직이지 않고 있었다. 황제는 도몽Domon 휘하의 경기병 부대를 그 애매한 지점으로 보내어 정찰을 하게 했다.

뷜로는 과연 조금도 움직이지 않고 있었다. 그의 전위대는 수가 아주 적었기 때문에 아무것도 할 수 없었다. 뷜로의 전위대는 군단의 주력 부대를 기다리지 않으면 안 되었고, 또한 전선에 뛰어들기 전에 일단 집결하라는 명령을 받았다. 하지만 5시가 되었을 때, 웰링턴이 위험에 처했음을 알아차린 블뤼허는 뷜로에게 공격 명령을 내리면서 이런 멋진 말을 했다. "영국군의 숨통을 틔게 해줘야겠어."

잠시 후 로스틴Losthin, 힐러Hiller, 하케, 리셀Ryssel의 각 사단이 로보의 군단 앞에서 전투 대형을 갖추고, 프로이센의 빌헬름 대공의 기병대가 파리Paris 숲에서 몰려나오더니, 플랑스누아는 화염에 휩싸였고, 프로이센의 포탄들이 나폴레옹의 뒤편

에 대기하고 있던 근위대의 대열 속에까지 비 오듯 쏟아지기
시작했다.

10
근위대

그 후의 일은 모두가 아는 바대로다. 제3의 군대의 뜻하지 않은 출현, 무너진 전투 대형, 별안간 울린 86문의 대포, 뷜로와 함께 들이닥친 피르히Pirch 1세, 블뤼허가 직접 이끌고 온 치텐Zieten의 기병대, 후퇴하는 프랑스군, 오앵 고지에서 내쫓기는 마르코네, 파플로트에서 몰려난 뒤뤼트, 퇴각하는 동즐로와 키오, 측면에서 공격당한 로보, 와해된 프랑스군 연대들을 상대로 해 질 무렵 급박하게 전개된 새로운 전투, 일제히 공격 태세를 갖추어 진격해 오는 모든 영국 군사들, 프랑스군 속에 뚫린 거대한 구멍, 서로 엄호하는 영국군과 프로이센군의 산탄, 남김없이 무찔러 없애려는 기세, 프랑스군의 전면과 측면의 참담한 패배, 그리고 그 무서운 붕괴 속에 전선으로 뛰어든 근위대.

근위대는 자신들이 곧 죽게 되리라고 예감하자 힘차게 "황제 폐하 만세!"를 외쳤다. 함성으로 터져 나온, 역사상 그 임종의 순간보다 더 감동적인 것은 없다.

하늘은 온종일 흐려 있었다. 그런데 갑자기 바로 그 순간에, 밤 8시임에도 지평선의 구름이 갈라지며 니벨로 통하는 도로의 느릅나무들 사이로 석양의 거대하고 불길한 붉은빛이 지나갔다. 아우스터리츠에서는 구름 위로 태양이 솟아오르는 것을 보았건만.

근위대의 각 대대는 전투의 이 대단원을 위해 저마다 장군들의 지휘를 받았다. 프리앙Friant, 미셸Michel, 로게Roguet, 아를레Harlet, 말레Mallet, 포레 드 모르방Poret de Morvan이 그곳에 있었다. 커다란 독수리 휘장이 달린 근위대 척탄병의 높직한 모자들이 정연하게 대오를 맞춰 흔들림 없이 위풍당당하게 그 어지럽고 혼란스러운 전투 속에 나타났을 때, 적군은 프랑스에 대해 존경심을 느꼈다. 그것은 마치 스무 마리의 승리의 독수리가 날개를 활짝 펴고 전장으로 입장하는 것 같아서, 승자인 적군이 마치 패자인 느낌이 들어 뒤로 물러섰다. 그러자 웰링턴이 큰 소리로 외쳤다. "근위대여, 일어서라! 정확하게 조

데니스 다이턴Denis Dighton, 〈워털루 전투의 황제 근위대 소속 기마 포병대〉(1819).
워털루의 전투 중에 영국군 보병들이 프랑스 황제 근위대 소속 기마 포병대와 맞붙어 싸우고 있다.

준하라!" 산울타리 뒤에 엎드려 있던 영국 근위대의 붉은 군복 입은 병사들이 일제히 일어서더니, 프랑스군의 독수리 용사들 주위에서 바람에 나부끼던 삼색기에 집중포화를 퍼부었다. 그러고는 서로 뒤엉키더니 다시 유례를 찾아볼 수 없는 살육전이 시작되었다. 황제의 근위대는 어슴푸레함 속에서 자기들 주위의 군대가 달아나는 것을 느꼈고, 그 대대적인 패주의 동요 속에서 "황제 폐하 만세!"라는 소리가 "도망쳐라!"라는 소리로 바뀌는 것을 들었다. 그러나 등 뒤에서 도망치는 소리를 들으면서도 황제의 근위대는 계속 전진했으며, 걸음을 내디딜 때마다 더 많은 포화의 세례를 받았고, 더 많은 병사가 쓰러졌다. 주저하는 자 하나, 과감하지 못한 자 하나 없었다. 이 부대에서는 한낱 병사도 장군 못지않은 영웅이었다. 죽음을 각오하지 않는 자는 단 한 사람도 없었다.

네는 필사적으로 저항하면서, 죽음을 받아들인 사람만이 갖는 늠름한 기개로 그 사나운 폭풍 속의 모든 타격에 자신을 내던졌다. 그가 타고 있던 다섯 번째 말이 쓰러졌다. 그는 온몸이 땀으로 범벅이 되고, 눈에선 불꽃이 피어오르고, 입술에는 거품이 일고, 군복 단추가 끌러지고, 견장 하나는 영국 근위 기병의 칼에 두 동강이 나고, 커다란 독수리 휘장이 총탄에 맞아 찌그러진 채, 피투성이로, 흙투성이로, 용감무쌍하게, 부러진 칼을 움켜쥐고서 말했다. "자, 프랑스의 대원수가 전장에서 어떻게 죽어가는지 모두들 와서 봐라!" 하지만 그렇게 말한 보람도 없이 그는 죽지 않았다. 그는 북받쳐 오르는 분한 감정에 화가 머리끝까지 치받쳐 있었다. 그는 드루에 데를롱에게 다음과 같은 질문을 던졌다. "자네, 자네는 죽지 않을 참인가?" 한 줌밖에 남지 않은 병사들을 부숴버리는 적의 집중포화 속에서 그는 소리 높이 외쳤다. "그래, 내게 배당된 포탄은 없단 말인가! 오! 영국 놈들의 포탄이 모두 내 배 속으로 들어오길 바라노라!" 불운한 그대여! 그대는 프랑스의 총탄을 맞기 위해 남겨진 몸이었소![60]

---

60 네는 부르봉 왕가가 다시 복귀한 후 군법회의에 회부되어 사형선고를 받았다. 병사들에게 언제나 불사신이라는 소리를 들었던 그는 1815년 12월 파리의 뤽상부르 정원에서 총살형에 처해짐으로써 삶을 마쳤다.

얀 빌럼 피너만Jan Willem Pieneman, 〈워털루 전투〉(1824).

위털루 전투에서 프로이센군이 영국-네덜란드 연합군에 합류하는 순간을 그렸다. 중앙에 말을 타고 빛을 받고 있는 이가 웰링턴이고 좌측 하단에 부상당한 채 들것에 실린 이가 훗날 네덜란드 국왕 빌럼 2세가 되는 오라녜 대공이다. 우측의 프로이센군 밑으로는 쓰러져 있는 프랑스군이 보인다.

11
비극적인 결말

근위대 뒤편에서의 패주는 비통했다.

군대는 갑자기 사방에서, 우고몽에서, 라 에생트에서, 파 플로트에서, 플랑스누아에서, 일제히 굴복하고 말았다. "반역이야!"라는 고함 소리에 이어 "도망쳐라!"라는 고함 소리가 들렸다. 싸움에 져서 달아나는 군대의 모습은 얼음이 녹아 풀리는 모습과 닮았다. 모든 것이 휘고, 금이 가고, 쪼개지고, 떠다니고, 흔들리고, 떨어지고, 부딪히고, 달려가고, 돌진한다. 전대미문의 붕괴다. 네가 말 한 마리를 빌려 성큼 올라타더니, 모자도 없이, 휘장도 없이, 칼도 없이 브뤼셀로 이어지는 둔덕길을 가로막고 서서, 영국군이고 프랑스군이고 가릴 것 없이 제지한다. 그는 군대를 만류하려고 애쓰며 소리쳐 불러 꾸짖고, 패주를 막으려 한다. 하지만 그로서도 더 이상 어쩔 도리가 없다. 병사들은 그를 피해 달아나면서 "네 원수 만세!"라고 외친다. 뒤뤼트 휘하의 2개 연대는 독일 창기병들의 긴 칼과, 켐프트, 베스트, 팩, 라일란트Rylandt 등의 보병 여단들이 쏘아대는 총탄 사이에서 당황하여 갈팡질팡하고 우왕좌왕한다. 두 편이 어지럽게 뒤섞여서 싸울 때 최악의 일은 패주이다. 달아나기 위해 친구들끼리 서로를 죽인다. 같은 편의 기병대와 보병대가 서로 부딪쳐 깨지고 흩어진다. 전투에서 버려지는 거대한 찌꺼기 같다. 양쪽 끝에 있던 로보와 레유 군단의 병사들은 도망치는 무리들의 물결 속에 휩쓸려 간다. 나폴레옹은 근위대의 잔여 병력으로 방어벽을 쌓으려 했지만 허사다. 키오는 비비언 앞에서, 켈레르만은 반델뢰르 앞에서, 로보는 뷜로 앞에서, 모랑은 피르히 앞에서, 도몽과 쉬베르비크Subervic는 프로이센의 빌헬름 대공 앞에서 뒷걸음질 친다. 황제의 기병 중대들을 거느리고 공격에 나섰던 기오Guyot는 영국 용기병들의 발아래에 깔린다. 나폴레옹은 도망병들 사이로 빨리 말을 몰면서 타이르고, 다그치고, 협박하고, 애원한다. 그날 아침 "황제 폐하 만세!"를 외쳤던 그 모든 입들은 얼이 빠져나가 벌어져 있다. 그들은 황제도 간신히 알아볼 정도이다. 갓 도착한 프로이센 기병대는 뛰어오르고, 날아다니고, 칼로 베고, 썰고, 자르고, 죽이고, 몰살시킨다. 말의 멍에들이 풀어지고, 대포들은 팽개쳐진다. 수송대의 병사들은 수송 마차에서 말을 떼어내서 타고 도망친다. 화물 마차는 네 바퀴를 허공에 쳐든 채 자빠져 길을 막았고, 그로 인해 또 다른 학살이 벌어진다. 모두들 서로 부수고 서로 짓이기며, 죽은 사람 산 사람 할 것 없이 밟으며 지나간다. 팔들을 필사적으로 휘젓고 있다. 4만의 군사들이 한꺼번에 도망치는 바람에, 도로와 오솔길과 다리와 들판과 구릉과 골짜기와 숲이 미어지며 어지러울 만큼 혼잡하다. 고함, 절망, 호밀밭에 팽개쳐진 배낭과 총, 칼을 휘둘러야만 겨우 열리는 통로, 더 이상 전우도 장교도 장군도 없고, 오직 이루 말할 수 없는 공포뿐이다. 치텐은 거리낌 없이 프랑스군을 베고 있다. 사자는 이제 노루가 되었다. 이상이 우리가 알고 있는 후퇴의 광경이다.

주나프에서 프랑스군이 발길을 돌려 다시 맞서 싸우며 적을 저지하려고 시도했다. 로보가 병사 300명을 모았다. 그들은 마을 입구에 바리케이드를 쳤다. 그러나 프로이센군의 사격이 시작되기가 무섭게 모두 다시 도망치기 시작했고, 로보는 생포되었다. 오늘날까지도 주나프에 조금 못 미쳐, 길 오른편에 있는 벽돌로 지은 오막살이의 합각머리에는 당시에 쏟

더크 슬루이터Dirk Sluyter, 〈패주하는 나폴레옹〉(1815).

아졌던 산탄들의 흔적이 남아 있다. 프로이센 병사들은 별 저항 없이 얻어진 승리가 만족스럽지 못했는지 주나프로 세차게 돌진해 들어갔다. 그 추격전은 악하고 모질었다. 블뤼허는 적을 모조리 다 죽이라고 명령했다. 이보다 먼저 로게는 자기에게 프로이센군 포로를 산 채로 데려오는 프랑스군 척탄병이 있으면 그 척탄병을 전부 죽여버리겠다고 위협하는 전례를 남긴 바 있다. 블뤼허는 로게를 능가했다. 젊은 근위병들을 통솔했던 뒤셈Ducesme 장군이 주나프의 한 여인숙 출입문 쪽으로 몰려 '죽음의 신'이 지휘하던 프로이센 경기병에게 자기 칼을 건네주며 항복하자, 그 경기병은 칼을 받아서 그 포로를 죽여버렸다. 승리는 패자들을 말살함으로써 완성되었다. 우리가 곧 역사이니, 처벌을 하자. 늙은 블뤼허는 스스로 자신의 명예를 떨어뜨린 것이다. 그 잔혹함은 싸움에 져서 달아나는 병사들을 상대로 하여 점점 극에 달했다. 절망적인 패주는 주나프, 카트르브라, 고슬리, 프란, 샤를루아, 튀앵을 지나 국경에 이르러서야 겨우 멈추었다. 아, 비통하도다! 그래, 그렇게 도망치는 자가 누구였던가? 바로 저 나폴레옹의 '위대한 군대la grande armée'였다.

일찍이 역사를 놀라게 했던 최고의 용맹스러운 장수가 정신이 혼미해지고 공포에 사로잡히고 몰락한 데에는 아무런

이유가 없는 것일까? 아니다. 거대한 오른손[61] 하나가 워털루에 자신의 그림자를 투영하고 있었다. 그날은 운명의 날이었다. 인간의 힘보다 더 강한 힘이 그날을 빚어낸 것이다. 사람들이 공포에 사로잡혀 고개를 숙인 것은 그 때문이다. 그 때문에 그 모든 위대한 영혼들이 칼을 버리고 항복한 것이다. 유럽을 정복했던 그들이 땅바닥에 쓰러져 다시 일어날 수 없게 된 것은, 더 이상 말도 못하고 속수무책이었던 것은, 어둠 속에 그 어떤 무시무시한 것이 존재한다고 느꼈기 때문이다. "그것이 그들의 운명이었다Hoc erat in fatis." 그날 인류의 앞날은 바뀌었다. 워털루는 19세기의 돌쩌귀다. 위대한 시대가 도래하기 위해서는 위대한 사람의 소멸이 필요했다. 그 누구도 항변할 수 없는 어떤 존재가 그 일을 맡아준 것이다. 영웅들의 공포도 자명해진다. 워털루 전투에는 구름 이상의 것이 있었다. 그곳에는 유성流星이 있었다. 신神이 지나간 것이다.

어둠이 내릴 무렵, 주나프 근처의 들판에서 베르나르와 베르트랑은 불길한 생각에 잠긴, 험상궂은 한 사내의 프록코트를 잡아 세웠는데, 그는 패주의 물결에 휩쓸려 그곳까지 와서는 이제 막 말에서 내려 말고삐를 겨드랑이에 끼고 정신 나

---

61 기독교에서 오른손은 신의 전능한 힘, 절대적 권능, 기이한 힘을 상징한다.

패주의 물결에 휩쓸려 주나프 근처까지 도망쳤다가 정신 나간 듯한 눈을 하고서 워털루 방
향으로 혼자 되돌아가는 그 사내는 아직도 전진을 멈출 생각 없이 좌절된 꿈속에 여전히 잠
겨 있는 대단한 몽유병자, 나폴레옹이었다.

간 듯한 눈을 하고서 워털루 방향으로 혼자 되돌아가는 길이
었다. 그 사내는 아직도 전진을 멈출 생각 없이 좌절된 꿈속에
여전히 잠겨 있는 대단한 몽유병자, 나폴레옹이었다.

12
마지막 방진

근위대의 몇몇 방진은 흐르는 물속에 있는 바위들처럼, 패주의 질퍽한 흐름 속에서도 꼼짝 않고 밤까지 버티었다. 밤이 오고 죽음도 함께 왔다. 병사들은 그 이중의 어둠을 기다리며 흔들리지 않고 그것들이 자신들을 에워싸도록 내버려두었다. 각 연대는 다른 연대들로부터 고립되고 온통 와해된 본대와 연락이 끊어진 채 제각기 죽어가고 있었다. 마지막 전투를 치르기 위해 어떤 연대는 로솜 고지에, 또 어떤 연대는 몽생장 평원에 여기저기 진을 쳤다. 버림받고 깨어지고 가혹한 꼴이 된 그 암담한 방진들은 그곳에서 무참하게 최후를 맞고 있었다. 울름, 바그람, 예나, 프리틀란트[62] 등이 그들 속에서 죽어

프랑스의 마지막 방진을 지휘한 캉브론.

가고 있었다.

　땅거미가 내린 밤 9시 무렵 몽생장 고지의 아랫부분에 그러한 방진 하나가 남아 있었다. 흉갑 기병대가 기어오르던 그 비탈 아래, 이제는 영국 병사들로 가득한 그 비탈 아래의 그 음산한 골짜기에서, 승기를 잡은 적 포병대의 집중포화 아래에서, 빗발치듯 무섭게 쏟아지는 총알 아래에서, 그 방진은 버

62　나폴레옹 군대가 승리를 거둔 전투가 벌어졌던 지역들의 이름을 나열했다.

티고 있었다. 그 방진은 캉브론Cambronne이라는 한 무명의 장교가 지휘하고 있었다. 일제사격이 쏟아질 때마다 방진은 줄어들었으나, 그래도 반격은 계속되었다. 방진은 네 개의 벽을 지속적으로 좁혀가면서 적의 산탄 공격에 소총으로 응수하고 있었다. 도망병들은 이따금 숨이 차 걸음을 멈추며, 점차 작아져가는 그 음산한 천둥소리를 멀리 어둠 속에서 들었다.

그 부대가 한 줌의 병력으로만 남게 되었을 때, 그들의 군기가 한 조각의 누더기에 지나지 않게 되었을 때, 실탄이 바닥나 그들의 소총이 막대기나 다름없게 되었을 때, 시체 더미가 살아 있는 사람들의 무리보다 더 커졌을 때, 승리자들 사이에선 죽어가는 이 숭고한 병사들에 대한 신성한 공포 같은 것이 감돌았다. 영국군 포병대는 잠시 숨을 돌리며 침묵을 지켰다. 그것은 일종의 유예였다. 그 병사들 주위에는 유령들이 득실거리듯, 말 탄 사람들의 윤곽, 대포들의 검은 형체, 수레바퀴와 포가砲架 사이로 보이는 하얀 하늘이 있었다. 전장의 바닥에서 피어나는 연기 속에서 영웅들이 언제나 어렴풋이 보곤 하는, 죽음의 거대한 머리가 그들을 향해 다가오며 그들을 바라보고 있었다. 그들은 황혼녘의 어둠 속에서 장전하는 소리를 들을 수 있었다. 어둠 속에서 번쩍이는 호랑이의 눈처럼 불붙은 화약심지들이 그들의 머리를 둘러싸고 원을 이루고, 영국군

로버트 알렉산더 힐링퍼드, 〈마지막 방진〉(1870년대).

영국군의 장군이 프랑스군의 마지막 방진에 남은 병사들에게 다가서고 있다.

포병대의 모든 화약심지 막대기들이 대포들 가까이로 접근하고 있었는데, 바로 그때 어떤 사람들 말에 따르면 콜빌Colville이고 또 어떤 사람들 말에 따르면 메이틀랜드Maitland인 한 영국군 장군이 감동하여, 그 병사들에게 닥친 최후의 순간을 제지하면서 그들에게 외쳤다. "용감한 프랑스 전사들이여, 항복하시오!" 그러자 캉브론이 대답했다. "메르드Merde!"[63]

---

63 단어의 의미에 충실하게 번역하면 '똥이나 먹어라'라는 뜻이다. 경멸이나 거부를 나타낼 때 주로 사용한다. '제기랄', '염병할', '빌어먹을' 등으로 흔히 번역된다.

13
캉브론

프랑스 독자들은 체면을 중히 여기기 때문에, 일찍이 프랑스인이 한 말 가운데 아마 가장 아름다운 것일 그 말[64]이 독자들에게 되풀이되어서는 안 된다. 역사 속에서 품위 없는 표현을 쓰는 것은 금기다.

하지만 나는 이에 대해 전적으로 책임을 지고 이 금기를 깨고자 한다.

감히 말하건대 그 모든 거인들 중에 '티탄'[65]이 하나 있었

---

64 "메르드Merde"를 말한다.
65 티탄은 그리스 신화에 나오는 거인족이다.

아르망 뒤마레스크Armand Dumaresq, 〈워털루에서의 캉브론〉(1867).

영국군 장군의 "항복하시오!"라는 말에 "메르드!"라고 응수하는 캉브론. 뒤마레스크의 작품들 중에서도 가장 스케일이 크고 유명한 작품으로, 1867년 만국박람회 개최에 앞서 나폴레옹 3세의 주문으로 제작되었다.

으니, 그가 바로 캉브론이다.

그 말을 하고 나서 곧바로 죽는 것. 이보다 더 위대한 일이 있을까! 죽기를 원한다는 것은 곧 죽는다는 것을 뜻하기 때문이다. 일제사격을 당하고도 살아남은 것은 그의 잘못이 아니다.[66]

워털루 전투에서 이긴 사람은 패주한 나폴레옹도 아니고, 4시에 후퇴하고 5시에 절망한 웰링턴도 아니고, 변변히 싸우지 않은 블뤼허도 아니다. 워털루 전투에서 이긴 사람은 바로 캉브론이다.

자기를 죽이려는 천둥에게 그와 같은 말로 칼벼락을 내리는 것, 그것이 곧 승리이다.

파국에 그와 같이 응대를 하고, 운명에 그런 말을 던지고, 훗날 〔사자의 언덕에〕 사자상이 놓일 받침대를 제공하고, 간밤에 내린 비와 우고몽의 음흉한 방벽과 오앵의 움푹한 길과 그루시의 합류 지연과 블뤼허의 〔뜻하지 않은〕 출현에 대해 그렇게 응수를 하고, 무덤 속에서 장난질을 치고, 모두 다 쓰러진 뒤에도 서 있으려고 안간힘을 쓰고, 유럽 동맹을 〔'메르

---

66 캉브론은 전쟁터에서 죽지 않고 영국군의 포로가 되었다. 나폴레옹의 엘바 섬 유배 당시 함께 지내다가 탈출하여 워털루 전투에 참전한 그는 전투 이후 프랑스로 돌아가 복고된 왕정 하의 육군에서 복무하다가 1822년에 은퇴하고 1824년에 사망했다.

드merde'라는) 두 음절 속에 빠뜨려 죽이고, 황제들에게는 이미 알려져 있는 그 변소들을 유럽의 왕들에게 바치고, 프랑스인의 번뜩임을 그 말에 녹임으로써 가장 천한 말을 가장 점잖은 말로 만들고, '마르디 그라'[67]로 거만하게 워털루 전투를 종결짓고, 라블레[68]로 레오니다스[69]를 보충하고, 입 밖으로 내기도 어려운 최고의 한마디 말 속에 그 승리를 요약하고, 진지陣地를 빼앗기고도 역사는 지키고, 그러한 살육을 겪으면서도 적을 자기편으로 만들었으니, 그것은 정말로 엄청난 일이다.

그것은 벼락에 모욕을 안겨준 것이다. 그것은 아이스킬로스[70]의 위대함에 못지않다.

캉브론의 말은 [적을] 부숴버리는 것 같은 효과가 있다. 그것은 경멸로써 적의 가슴을 깨뜨려 부수는 것이고, 임종의 고통이 차고 넘쳐 끝내는 폭발하는 것이다. 누가 이겼는가?

---

67 마르디 그라mardi gras는 프랑스에서 사순절이 시작되는 첫날인 '재灰의 수요일' 바로 전의 화요일에 거행하는 축제이다.

68 프랑수아 라블레François Rabelais(1483?~1553)는 프랑스 르네상스 시기의 인문학자이자 풍자작가로 《가르강튀아Gargantua》, 《팡타그뤼엘Pantagruel》 등의 대표작을 남겼다.

69 타렌툼 레오니다스Tarentum Leōnidas(?~?)는 기원전 3세기 전반에 활동한 그리스의 시인이다. 작품보다는 후대의 그리스 경구에 미친 영향으로 잘 알려져 있다.

70 아이스킬로스Aeschylos(기원전 525~456)는 고대 그리스의 3대 비극 시인 가운데 한 사람이다. 합창과 낭송만으로 이루어진 초기의 극예술을 노래와 대사와 행위가 어우러진 형태로 끌어올렸다. 주로 운명에 저항하는 인간의 영웅적 자세를 묘사했다.

웰링턴인가? 아니다. 블뤼허가 아니었다면 그는 패했을 것이다. 그러면 블뤼허인가? 아니다. 웰링턴이 시작하지 않았다면 블뤼허는 마치지 못했을 것이다. 그 최후의 시간을 보내던 캉브론, 그 이름 없는 병사는 전쟁의 무한히 작은 존재로서 거기에 거짓이 있음을 느낀다. 전쟁의 비극적인 결말 속에 거짓이 있음을 갑절로 비통하게 느낀다. 그리하여 그가 격분을 참지 못하고 폭발할 때에, 적은 그에게 생명을 던져주며 조롱한다. 어찌 펄쩍 뛰지 않겠는가?

그들이 그곳에 와 있다. 유럽의 모든 왕들, 운 좋은 장군들, 천둥의 신 유피테르들이. 그들은 승리를 구가하는 10만의 군사를 보유하고 있고, 이 10만 뒤에 다시 100만이 있으며, 대포들과 불붙은 화약심지들이 입을 벌리고 있다. 그들은 황제의 근위대와 '위대한 군대'를 발밑에 두게 하고, 이제 막 나폴레옹을 으스러뜨렸다. 그리고 이제 캉브론밖에 남지 않았다. 그들에게 항의할 자라고는 그 지렁이뿐이다. 그 지렁이는 항의하리라. 그때 그는 칼을 찾듯이 한마디 말을 찾는다. 그의 입에서 분노의 거품이 나온다. 그 거품이 곧 그가 내뱉은 그 말이다. 굉장하지만 보잘것없는 그 승리 앞에서, 승리자 없는 그 승리 앞에서, 절망한 그는 분연히 일어선다. 그는 이 승리의 엄청남을 받아들이지만, 그것이 속 빈 승리임을 알아차린

127

윌리엄 새들러 2세William Sadler II, 〈워털루 전투〉.

다. 그리고 그 승리에 침을 뱉는 것보다 더한 일을 행한다. 수와 힘과 물질에 짓눌리면서도 마음에서 하나의 표현을, '똥'이라는 표현을 찾아낸다. 거듭 말하지만, 그것을 말하고, 그것을 행하고, 그것을 찾아내는 자가 곧 승리자가 되는 것이다.

위대한 날들의 정신이 그 운명의 순간에 이름 없는 그 사나이의 머릿속에 들어갔다. 루제 드릴Rouget de Lisle이 〈라 마르세예즈La Marseillaise〉[71]를 찾아낸 것처럼, 캉브론은 저 높은 곳에서 내려온 신령스러운 기운 덕분에 워털루의 그 말을 찾아낸 것이다. 신성한 폭풍우가 이 두 사람 사이를 퍼붓고 지나가자, 그들은 몸을 부르르 떤다. 한 사람은 숭고한 노래를 부르고, 또 다른 한 사람은 무시무시한 고함을 지른다. 캉브론은 티탄의 경멸과도 같은 그 말을 단지 나폴레옹 제국의 이름으로 유럽에 던진 것만은 아니었다. 그랬다면 별것이 아니었을 것이다. 그는 그 말을 대혁명이라는 이름으로 역사에 던진 것이다. 사람들은 그 말을 듣고 캉브론 속에서 거인들의 옛 정신을 알아보았다. 당통[72]이 연설을 하고 클레베르[73]가 포효하는 듯한 느낌이었다.

71 공병 장교 루제 드릴이 1792년 4월 프랑스가 오스트리아를 상대로 선전포고를 했다는 소식을 듣고 스트라스부르의 숙소에서 하룻밤 사이에 〈라 마르세예즈〉의 가사와 멜로디를 썼다는 기록이 있다. 이 노래는 1879년에 프랑스의 정식 국가國歌로 채택되었다.

캉브론이 그렇게 말하자 영국군은 "당장 쏴버려!"라고 응수했다. 대포가 불을 뿜고, 언덕이 몹시 울리어 흔들렸다. 그 모든 청동 아가리로부터 마지막 포화가 무시무시하게 쏟아져 나왔고, 거대한 연기가 달빛을 받아 희부옇게 피어올랐다. 연기가 흩어져 없어지자 더 이상 아무것도 없었다. 마지막까지 버티던 그 무서운 병사들은 섬멸되었고, 근위대의 병사들은 숨을 거두었다. 살아 움직이던 각면보의 네 벽들은 바닥에 쓰러져 있었고, 여기저기 시체들 사이에서 무언가 팔딱거리는 것만 보일 뿐이었다. 로마 제국의 군단보다 더 위대했던 프랑스의 군단은 비와 피에 젖은 몽생장의 대지 위에서, 어두운 밀밭 속에서 그렇게 사라져버리고 말았다. 지금은 그곳을 니벨의 우편마차를 모는 조제프가 새벽 4시에 말에 채찍질을 하면서 휘파람을 불고 유쾌하게 지나다닌다.

---

72 조르주 자크 당통Georges Jacques Danton(1759~1794)은 프랑스 혁명 시기의 정치가이다. 자코뱅파의 지도자로 혁명재판소를 설치하고 왕당파를 처형했으나, 로베스피에르Robespierre의 독재에 반대하다가 처형되었다. 입법의회에서 한 연설("조국의 적들을 물리치기 위해 우리에게는 용기가 필요하다. 더 많은 용기가, 언제나 적과 맞서 싸울 그런 용기가 필요하다. 그래야만 프랑스는 살아남을 수 있다.")로 유명하다.

73 장 바티스트 클레베르Jean-Baptiste Kléber(1753~1800)는 프랑스 혁명기의 장군이다. 1793년 프랑스 서부 방데 지방의 반反혁명 반란을 진압했고 나폴레옹 보나파르트의 이집트 원정(1798~1800) 때 크게 활약했다.

14
지도자의 비중은 어느 정도일까?

워털루 전투는 하나의 수수께끼다. 그것은 승리한 자들에게나 패배한 자에게나 똑같이 이해되기 어렵다. 나폴레옹에게 그것은 하나의 공포였다.[74] 블뤼허는 그 전투에서 〔총과 대포에서 번쩍이는〕 불꽃밖에 보지 못했고, 웰링턴은 그것에 대해 아무것도 이해하지 못했다. 당시의 보고서들을 읽어보라. 공적인 보고서들은 불명료하고, 논평들은 혼란스럽다. 후자는 우물거리고 전자는 더듬거린다. 조미니[75]는 워털루 전투를

74　(저자주) "전투 하나를 끝냈고 하루 일정을 마쳤으며 잘못 내려진 조치를 바로잡았으므로 다다음 날 큰 승리를 거둘 것을 확신했다. 그러나 이 모든 것이 갑작스럽고 강력한 공포로 인해 사라져버렸다."(나폴레옹, 《세인트헬레나의 일기*Dictées de Sainte-Hélène*》).

네 개의 국면으로 나누고, 뮈플링은 그것을 세 개의 돌발 사건으로 자른다. 비록 몇 가지 점에서 우리와 견해가 다르긴 하지만, 오직 샤라스만이 신성한 우연과 싸운, 천재적 인간이 파국에 이르는 모습을 의연하게 포착했다. 다른 모든 역사가들은 현기증에 사로잡혀 더듬거리기만 했다. 그것은 정말 섬광 같은 하루였다. 그것은 왕들이 어안이 벙벙해하는 사이에 모든 왕국을 연루시킨 군사 군주국의 붕괴요, 힘의 영락霧落이요, 전쟁의 패주였다.

초인간적인 필연성의 흔적이 역력한 이 사건에서 인간이 관여할 몫은 전혀 없다.

웰링턴과 블뤼허에게서 워털루를 도로 빼앗는다고 해서 영국과 독일에게서 뭔가를 빼앗는 일이 될까? 아니다. 저 눈부신 영국도, 저 당당한 독일도 워털루 문제에서는 미미한 존재일 뿐이다. 하늘의 은총을 받은 그 나라의 백성들은 칼의 음산한 모험들과는 별개로 위대하다. 독일도 영국도 프랑스도 칼집 속에 들어 있지는 않다. 그 시대에 워털루란 단지 긴 칼들이 부딪치는 소리가 가득한 곳일 뿐 그 이상도 그 이하도 아

---

75 앙투안 앙리 드 조미니Antoine-Henri de Jomini(1779~1869)는 프랑스의 장군이자 군사 평론가, 역사가이다. 전쟁의 원리를 규정하려는 체계적인 노력으로 근대 군사 과학의 창시자로 평가받는다.

니었다. 독일에는 블뤼허 위에 괴테가 있었고, 영국에는 웰링턴 위에 바이런이 있었다. 다양한 사상들의 융성이 19세기의 특징인바, 그 서광을 받아 영국과 독일은 찬연히 빛난다. 이 두 나라는 생각하고 사고하기 때문에 장엄하다. 그들 문명의 수준이 높아진 것은 내재적인 요인에 의해서였다. 그것은 그들 자체에서 비롯된 것이지, 어떤 사건에 기인한 것이 아니다. 19세기에 그들이 강대해진 원천은 워털루와 전혀 무관하다. 어떤 전투에서 승리를 거둔 다음 갑작스레 성장을 하는 것은 야만적인 백성들에게나 해당된다. 그것은 큰비로 불어난 강물이 사납고 빠르게 흐르면서 생겨난 일시적인 허세에 불과하다. 특히 우리가 살고 있는 시대의 개화된 민중들은, 한 장수의 행운이나 불운에 따라 지위가 높아지거나 낮아지지 않는다. 인류 사회에서 각각의 민중들이 차지하는 비중은 특정 전투 이상의 어떤 것에서 비롯된다. 다행스럽게도 그들의 명예, 존엄성, 지식과 재능은 영웅이니 정복자니 하는 저 도박꾼들이 전쟁이라는 복권 놀이에 걸 수 있는 번호가 아니다. 전투에 패하고도 진보를 이루는 경우가 종종 있다. 승리의 영광이 적을수록 자유는 오히려 많아진다. 전투의 북소리가 잠잠해지면 이성이 입을 연다. 그것은 지는 자가 이기는 도박과 같다. 그러므로 워털루 전투의 양면을 냉정하게 이야기해보자. 우연에 속한 것은 우연에 돌리고, 신의 영역에 속한 것은 신께 돌리자. 워털루는 무엇인가? 하나의 승리인가? 아니다. 하나의 요행이다.

유럽이 얻고 프랑스가 잃은 요행이다.

그곳에 사자상을 설치할 필요까지는 없었다.

게다가 워털루 전투는 역사상 가장 기이한 회전會戰이다. 나폴레옹과 웰링턴. 그들은 적대적인 상대가 아니라 상반되는 상대라 할 만하다. 대조하기를 좋아하는 신도 일찍이 이보다 더 강렬한 대비와 이보다 더 놀라운 대결을 만들어낸 적이 없었다. 한쪽이 정밀함, 예측, 기하학, 신중, 안전한 후퇴, 병력의 비축, 끈질긴 냉정함, 정연한 체계, 지형을 이용한 전략, 각 부대들 간의 균형을 유지하는 책략, 정확한 조준에 의한 살육, 시간을 손에 쥐고 조종하는 전쟁, 일체의 임의적 행동 금지, 대대로 내려오는 고전적인 용기, 절대적인 정확성을 특징으로 한다면, 다른 한쪽은 직감, 예감, 기묘한 전법, 초인적 본능, 번뜩이는 관찰력, 독수리처럼 지켜보고 벼락처럼 후려치는 그 무엇, 안하무인의 혈기에서 나오는 신묘한 기술, 심오한 영혼의 모든 신비, 호출당한, 말하자면 복종을 강요받은, 운명과 강과 평원과 숲과 언덕 등과의 연합, 전쟁터마저 제멋대로 통제하려는 전제군주, 병법을 위대하게 만들지만 동시에 혼란에 빠뜨리기도 하는 별점과 병법의 혼합에 대한 믿음 등이 특징이다. 웰링턴은 전쟁의 바렘[76]이었고, 나폴레옹은 전쟁의 미켈란젤로였다. 워털루에서는 천재가 계산가 앞에 무릎을 꿇었다.

양쪽 모두 누군가를 기다리고 있었다. 성공한 것은 정확한 계산가 쪽이었다. 나폴레옹은 그루시를 기다렸으나 그는 끝내 오지 않았고, 웰링턴은 블뤼허를 기다렸고 마침내 그가 왔다.

웰링턴에게는 이 설욕전이 고전적 전쟁이라 할 수 있다. 보나파르트는 장군으로 이름을 떨치던 초창기에 이탈리아에서 그 고전적 전쟁을 만나 멋지게 격파했다. 늙은 올빼미는 젊은 독수리 앞에서 도망을 쳤다. 옛 전술은 한꺼번에 제압되었을 뿐만 아니라 많은 사람의 빈축까지 샀다. 스물여섯 살의 그 코르시카 청년은 대체 어떤 자였던가? 모두가 그에게 적대적이고, 아무도 우호적이지 않고, 군량도 탄약도 대포도 군화도 없고, 변변한 군대도 없고, 한 줌밖에 안 되는 병사들을 데리고 대규모 병력에 맞서고, 동맹을 결성한 유럽에 대항하여 무례하게도 불가능 속에서 승리를 거둔 이 찬연한 무지렁이는 무엇을 의미하는가? 거의 숨 돌릴 틈도 없이, 수중에는 늘 같

---

76 프랑수아 바렘François Barrême(1638~1703)은 프랑스의 수학자로서 회계학의 창시자로 간주된다. 계산에 뛰어난 재능을 가진 사람을 가리킬 때 흔히 언급된다.

로버트 알렉산더 힐링퍼드, 〈워털루 전투 전에 만난 웰링턴과 블뤼허〉.

은 전사들을 데리고, 알빈치Alvinzi에 이어 볼리외Beaulieu를, 볼리외에 이어 부름저Wurmser를, 부름저에 이어 멜라스Mélas를, 멜라스에 이어 마크Mack[77]를 치고 무찌르면서, 독일 황제의 다섯 군단을 차례차례 가루로 만들어버린 이 전광석화 같은 미치광이는 어디서 나왔는가? 세상에 널리 이름난 사람처럼 구는, 뻔뻔스러운 이 신참 전사戰士의 정체는 무엇인가? 정통 군사학교 출신들은 도망치면서 그를 파문했다. 새로운 황제 정치에 대한 낡은 황제 정치의, 불꽃처럼 타오르는 에페épée[78]에 대한 정통 사브르sabre[79]의, 천재성에 대한 도식주의圖式主義의 달랠 수 없는 원한은 모두 그러한 패배에서 생겨났다. 1815년 6월 18일에 그 원한은 마침내 앙갚음을 하게 되어, 로디, 몬테벨로, 몬테노테, 만토바, 마렝고, 아르콜라[80]라는 지명 밑에 '워털루'라고 적어 넣었다. 보통내기들의 승리, 그것이 뭇사람

---

77 오스트리아에 대항하여 프랑스 정부가 벌인 이탈리아 원정(1796~1800)에서 나폴레옹에게 패한 장군들의 이름을 차례대로 적은 것이다.

78 기마병들이 말을 타고 싸울 때 사용하던 전투용 검劍. 찌르기에 적합한 칼로 오래전부터 '결투'에 사용되었다. 양쪽으로 날이 있는 칼이며 길이는 110센티미터, 무게는 약 770그램이다.

79 군도軍刀. 에페보다 길이가 짧고 덜 무거운 칼로 외부 충격에 더 강하다. 근접 전투에서 많이 사용되며, 한쪽에만 날이 있다.

80 이탈리아 북부(특히 롬바르디아 지방)의 지역 이름들이다. 나폴레옹의 군대가 오스트리아군을 격파한 곳들이기도 하다.

윌리엄 히스William Heath, 〈워털루 전투 중에 라 벨알리앙스에서 만난 웰링턴과 블뤼허〉
(1819).

들에게는 훨씬 달콤한 것이다. 운명은 이 아이러니에 동조했
다. 나폴레옹은 쇠하여 보잘것없어지는 그 순간에, 자기 앞의
젊은 부름저[81]를 마주하게 되었다.

사실 부름저를 다시 보기 위해서는 웰링턴의 머리를 희게

<hr />

81   다고베르트 지크문트 폰 부름저Dagobert Sigmund von Wurmser(1724~1797)는 오스트리
아 장군이다. 제1차 이탈리아 원정에서 나폴레옹에게 연패를 당한 후 1797년 만토바에
서 항복했다. 여기에서는 웰링턴이 부름저처럼 수준이 낮은 지휘관이라는 뜻이다.

대니얼 매클리즈Daniel Maclise, 〈웰링턴과 블뤼허〉(1875).
나폴레옹의 프랑스군을 무찌른 후 라 벨알리앙스에서 만난 웰링턴과 블뤼허.

물들이기만 하면 되었다.

　워털루는 이류 장수에게 승리가 돌아간 일급 전투이다.

　워털루 전투에서 칭송해야 할 것은 영국이요, 영국의 단호함이요, 영국의 결단성이요, 영국의 [뜨거운] 피다. 영국이 거기에서 얻은 찬연한 것이라면, 미안하지만, 그것은 영국 그 자체다. 그 장수가 아니라 그 군대다.

이상하게도 배은망덕한 웰링턴은 배서스트Bathurst 경에게 보낸 편지에서, 1815년 6월 18일에 싸운 자신의 군대가 "형편 없는 군대"였다고 말했다. 워털루의 고랑에 파묻힌 저 음산한 해골 더미는 그 말을 어떻게 생각할까?

영국은 웰링턴에 대해 너무 저자세였다. 웰링턴을 위대하다고 칭송하는 것은 영국을 왜소하게 만든다. 웰링턴은 다른 영웅과 마찬가지인 한 명의 영웅일 뿐이다. 회색 군복의 스코틀랜드 부대, 근위 기병대, 미첼의 여단, 메이틀랜드의 근위대, 팩과 켐프트의 보병 여단, 폰손비와 서머싯의 용기병, 산탄이 쏟아지는 속에서도 백파이프를 연주하던 스코틀랜드 고지 출신 병사들, 라일란트의 보병 대대, 소총도 제대로 다루지 못하면서 에슬링과 리볼리의 노련한 병사들에게 맞섰던 신병들, 그들이야말로 진정 위대하다. 웰링턴은 검질기게 싸웠다. 거기에 그의 가치가 있는데, 우리는 그 점에 대해 이의를 제기할 생각은 없다. 하지만 그의 휘하에 있던 가장 보잘것없는 보병과 기병 역시 그에 못지않게 강인했다. '철의 공작'에 어울리는 '철의 병사'였다. 따라서 우리는 모든 예찬을 영국 병사에게, 영국 군대에게, 영국 국민에게 바친다. 전승 기념물이 있다면, 그것은 당연히 영국에 돌아가야 한다. 워털루의 원주 기념탑이 만일 한 사람의 얼굴 대신에 한 국민 전체의 조각상을 하늘 높이 올린다면 그것이야말로 더 온당한 일일 것이다.

그러나 그 위대한 영국은 여기서 우리가 말한 것을 불쾌하게 여길 것이다. 영국은 그들의 1688년 혁명[82]과 우리의 1789년 혁명을 겪고도 여전히 봉건적 환상을 가지고 있다. 영국은 세습 제도와 계급 제도를 신봉하고 있다. 역량과 공적 면에서 그 어느 나라도 따라올 수 없는 이 나라 사람들은 스스로를 인민[83]이 아니라 국민으로 여겨 그렇게 처신하고 있다. 인민이면서도 그들은 기꺼이 복종하고 로드lord[84]를 하나의 우두머리로 받든다. 노동자는 멸시를, 병사는 몽둥이질을 감수한다. 많은 사람들이 아직도 기억하고 있겠지만, 인케르만 전투[85]에서 어느 하사관이 군 전체를 위기에서 구했다고 여겨진 일이 있었으나, 래글런Raglan 경의 보고서에서는 누락되었다. 그것은 당시 영국군의 계급 제도는 장교 계급 아래에 속한 사람들이 영웅적인 행위를 했다 해도 그 이름을 보고서에 언급

---

82 명예혁명을 말한다. 1688년에 영국에서 피를 흘리지 않고 평화롭게 전제왕정을 입헌군주제로 바꾸는 데 성공한 혁명이다.

83 국가를 구성하고 있는 자연인(사회나 문화에 속박되지 않은, 있는 그대로의 사람)을 말한다.

84 영국의 경卿, 귀족, 각하.

85 크림 전쟁 시기인 1854년 11월 5일 인케르만에서 벌어진 전투. 크림 전쟁은 1853년 제정 러시아가 흑해로 진출하기 위하여 터키, 영국, 프랑스, 사르데냐 연합군과 벌인 전쟁이다. 1856년 러시아가 패배하여 남진南進 정책이 좌절되었다.

하는 것을 허용하지 않았기 때문이다.

　워털루 전투와 같은 종류의 회전會戰에서 우리가 그 무엇보다 감탄스러워하는 것은 경이로울 정도로 교묘한 우연이다. 밤새도록 내린 비, 우고몽의 방벽, 오앵의 움푹한 길, 대포 소리를 듣지 못한 그루시, 나폴레옹을 속인 길잡이, 뷜로를 정확하게 인도한 길잡이, 이 모든 대이변은 실로 기묘하게 이루어졌다.

　결론적으로 말해, 워털루에서는 전투보다는 학살이 더 많았다고 할 수 있다.

　워털루는 전열이 정비된 모든 전투 중에서, 투입된 군사들의 수에 비해 가장 짧게 전선이 형성된 전투이다. 나폴레옹의 전선은 약 3킬로미터였고, 웰링턴의 전선은 약 2킬로미터였다. 그 짧은 전선에 포진해 있던 양쪽 병력은 각각 7만 2,000명에 달했다. 그렇게 촘촘한 상태였기 때문에 그와 같은 대량 살육이 이루어졌던 것이다.

　각 전투에서 입은 병력의 손실을 계산해보니 다음과 같은 비율이 나왔다. 아우스터리츠 전투에서 프랑스군 14퍼센트, 러시아군 30퍼센트, 오스트리아군 44퍼센트. 바그람 전투에서 프랑스군 13퍼센트, 오스트리아군 14퍼센트. 모스크바 전투에서 프랑스군 37퍼센트, 러시아군 44퍼센트. 바우첸 전

존 히비사이드 클라크John Heaviside Clarke, 〈워털루 전장〉(1816).
워털루 전투의 다음 날인 1815년 6월 19일 아침의 풍경이다.

투에서 프랑스군 13퍼센트, 러시아와 프로이센 연합군 14퍼센트. 워털루 전투에서는 프랑스군 56퍼센트, 연합군 31퍼센트. 워털루 전투에서의 총 병력 손실은 41퍼센트였다. 14만 4,000명의 전투원 중 6만 명이 전사했다.

오늘날 워털루의 전장은 늘 인간을 태연하게 받치는 대지 특유의 고요함을 간직하고 있고, 다른 평원들과도 별로 다를 바가 없다.

그렇지만 밤이 되면 그곳에 환영幻影과도 같은 안개가 짙게 껴서, 어떤 여행자가 그곳을 거닐거나 유심히 살피거나 귀를 기울이거나 처량하고 음산한 필리피 평원[86] 앞의 베르길리우스Vergilius처럼 몽상에 잠길라치면, 워털루에서 일어났던 대재앙의 환각에 사로잡히게 된다. 끔찍했던 6월 18일이 되살아나면서, 인공으로 조성한 기념 언덕은 사라지고, 그 보잘것없는 사자상도 자취를 감추고, 전쟁터의 실체가 또렷이 드러난다. 보병들의 대열이 벌판에 굽이치고, 질풍같이 내달리는 말들이 지평선을 가로지른다! 질겁한 몽상가의 눈앞에 긴 칼들

---

[86] 기원전 42년 10월 마케도니아 필리피에서 벌어진 전투에서 옥타비아누스Octavianus와 안토니우스Antonius 측이 승리하자 패배한 브루투스와 카시우스 롱기누스는 자살로 생을 마감한다. 같은 로마인들끼리 처절하게 싸운 그 전쟁터를 베르길리우스는 《농경시 Georgica》 1권 마지막 부분에서 노래했다.

전투 후의 우고몽의 성 풍경.

1835년의 워털루 일대의 풍경.

이 번쩍이고, 총검들이 번뜩이고, 포탄들이 작렬하고, 천둥들이 흉측하게 서로 으르렁거린다. 또한 무덤 밑바닥에서 들려오는 단말마의 헐떡거림처럼, 환영들의 전투에서 터져 나오는 어슴푸레한 아우성이 그의 귀에 들려온다. 저 그림자들은 척탄병들이고, 저 허연 빛살은 흉갑 기병들이고, 이 해골은 나폴레옹이고, 저 해골은 웰링턴이다. 그 모든 것들은 이제 헛것에 불과하지만 여전히 서로 부딪치며 싸우고 있다. 또한 협곡들은 붉게 물들고, 나무들은 소스라치고, 구름들까지 광포해진다. 그리고 암흑 속에서 몽생장, 우고몽, 프리슈몽, 파플로트, 플랑스누아의 그 모든 잔인한 고지들이 서로를 도륙하는 유령들이 일으키는 회오리바람을 왕관인 양 머리에 쓰고 희미하게 모습을 드러낸다.

15
워털루를 인정해야 할 것인가?

 워털루를 전혀 증오하지 않는, 매우 존경할 만한 자유주의 학파도 세상에 존재한다. 우리는 그 일원이 아니다. 우리에게 워털루는 자유가 아연실색할 사건에 불과하다. 그러한 독수리가 그러한 알에서 나온다는 것은 분명 뜻밖의 일이다.

 워털루는, 문제를 최고最高의 견지에서 본다면, 그 의도에 있어서 반反혁명 세력의 승리라고 할 수 있다. 그것은 프랑스에 대항하는 유럽이고, 파리에 대항하는 페테르부르크와 베를린과 빈이며, 진취에 저항하는 '현상 유지statu quo'다. 그것은 1815년 3월 20일[87]을 통해 1789년 7월 14일[88]을 공격하는 것이다. 그것은 진압할 수 없는 프랑스의 소요에 맞선 군주 국가

들의 소동이다. 26년 전부터 용솟음쳐 오르던, 거대한 민중들
〔의 활동〕을 어떻게 해서라도 소멸시키는 것, 그것이 〔군주 국
가들의〕 꿈이었다. 워털루는 브라운슈바이크, 나사우, 로마노
프, 호엔촐레른, 합스부르크 가문들과 부르봉 가문의 제휴였
다. 워털루는 말안장 뒤에 신권神權을 달고 다녔다. 물론 제정
이 전제적이었기 때문에 왕정[89]은 사물의 자연스러운 반동으
로 부득이 자유주의적일 수밖에 없었으며, 승리자들로서는 섭
섭하기 짝이 없었으나 워털루로부터 본의 아니게 입헌적 질
서가 나온 것도 사실이다. 그것은 혁명이란 진정으로 정복될
수 없으며, 하늘의 뜻이자 절대적으로 숙명적인 것이므로 언
제나 다시 나타남을 보여준다. 워털루 이전에는 낡은 왕조들
을 무너뜨린 보나파르트에게서 나타났고, 워털루 이후에는
'헌장'[90]을 채택하고 그것을 감내한 루이 18세에게서 나타났
다. 보나파르트는 나폴리 왕국의 임금 자리에 마부 하나[91]를
앉히고, 스웨덴 왕국의 임금 자리에 하사관 하나[92]를 앉힘으

---

87 나폴레옹이 엘바 섬을 빠져나와 프랑스에 상륙한 날로, 백일천하의 첫 번째 날이다.

88 파리 시민이 바스티유 감옥을 습격한 날이며, 이 사건을 계기로 프랑스 혁명이 일어났다.

89 나폴레옹 제정과 루이 18세의 복고 왕정을 말한다.

90 루이 18세는 1814년 6월 4일 '헌법 헌장Charte Constitutionnelle'을 채택하고, 양원제 의
    회, 종교의 자유, 모든 시민의 헌법상 권리들을 보장한다는 내용을 담은 입헌군주제를
    공식적으로 약속했다.

로써, 평등을 입증하는 데 불평등을 이용했다. 루이 18세는 생투앙에서 인권선언에 부서副署했다. 혁명이란 무엇인가를 이해하고 싶다면 그것에 '진보Progrès'라는 이름을 붙여보라. 그리고 진보란 무엇인가를 이해하고 싶다면 그것에 '내일Demain'이라는 이름을 붙여보라. '내일'은 어찌할 수 없을 정도로 자신의 일을 수행하며, 더욱이 그 일을 바로 오늘부터 시작한다. '내일'은 이상하게도 언제나 자신의 목표에 도달한다. 그는 웰링턴을 이용하여 일개 병사에 불과했던 푸아[93]를 웅변가로 만든다. 푸아는 우고몽에서 쓰러졌지만 의회 연단에서 다시 일어선다. 진보는 그렇게 이루어진다. 이 일꾼에게 불량한 연장이란 없다. 그는 전혀 당황하지 않고, 알프스를 넘었던 사람[94]도, 엘리

---

91 조아생 뮈라를 가리킨다. 여관 주인의 아들로 태어난 그는 교회에서 잠시 공부했다. 1796~1797년 보나파르트의 이탈리아 원정 때 전속 부관이 되었고, 기병대장으로서 천부적인 재능과 대담성을 발휘함으로써 명성을 쌓았다. 1808년부터 나폴레옹의 명을 받아 나폴리 왕국을 지배했다.

92 장 바티스트 베르나도트Jean-Baptiste Bernadotte(1763~1844)를 가리킨다. 그는 프랑스 포에서 태어났고, 프랑스 혁명 시기에 진급했다. 1798년 나폴레옹의 첫 약혼자였던 데지레 클라리Désirée Clary와 결혼했다. 1804년 나폴레옹에 의해 프랑스의 장군이 되었고 1818년 2월 5일 스웨덴의 카를 14세 요한, 노르웨이의 카를 3세 요한으로 즉위했다.

93 막시밀리앙 세바스티앙 푸아Maximilien Sébastien Foy(1775~1825)는 프랑스의 군지휘관·작가·정치가이다. 나폴레옹 전쟁 기간(1800~1815)에 뛰어난 활약을 했고 부르봉 왕정복고(1815) 초기에 자유주의 야당의 지도적인 대변인으로 활동했다. 웅변으로 큰 명성을 떨쳤다.

94 눈 덮인 알프스를 직접 넘어 이탈리아 북부로 진격했던 나폴레옹을 가리킨다.

폴 들라로슈Paul Delaroche, 〈알프스를 넘는 나폴레옹〉(1850).

1800년 5월 알프스를 넘은 나폴레옹은 6월 이탈리아 마렝고에서 오스트리아군과의 전투
를 지휘하여 승리를 거두었다.

제^{Élysée} 영감의 늙고 병들어 비척거리는 그 착한 환자[95]도, 자신의 신성한 일에 맞게 조정한다. 그는 통풍 환자건 정복자건 마찬가지로 요긴하게 이용한다. 정복자는 밖에서, 통풍 환자는 안에서 이용한다. 워털루는 유럽 옥좌들의 연쇄 붕괴를 무력으로 중단시켰으나, 또 한편으로는 혁명의 과업이 계속 이어지게 하는 결과를 낳았다. 군도를 차고 으스대던 사람들의 세상은 끝나고 이제 사상가들의 차례가 왔다. 워털루가 멈춰 세우려 했던 시대는 워털루를 밟고 넘어가 제 갈 길을 계속 갔다. 이 음산한 승리는 자유에 의해 격파되었다.

여러 말 할 것 없이, 그리고 이론의 여지 없이, 워털루에서 승리를 거둔 것, 웰링턴의 뒤에서 미소 짓고 있었던 것, 유럽의 모든 원수元帥의 지휘봉을 그에게 가져다준 것(소문으로는 프랑스 원수의 지휘봉도 포함되어 있었다고 한다), 사자상을 세워놓을 언덕을 쌓기 위해 해골 가득한 흙을 외바퀴 손수레에 실어 즐겁게 운반한 것, 사자상 받침대에 '1815년 6월 18일'이라는 날짜를 우쭐거리며 새긴 것, 전투에 져서 달아나는 병사들을 마구 베어버리도록 블뤼허를 부추긴 것, 몽생장 고지 위에서 먹잇감을 노려보듯 프랑스를 내려다본 것, 그것

---

95 루이 18세를 가리킨다. '엘리제 영감'은 루이 18세를 치료한 주치의의 별명이었다.

은 반혁명이었다. 〔프랑스 영토의〕 '분할'이라는 파렴치한 말을 중얼거린 것도 바로 그 반혁명이었다. 그 반혁명은 파리에 도착해 가까이에 분화구가 있는 것을 보고, 그 재가 자신의 발을 태우는 것을 느끼고는 생각을 고쳐먹었다. 반혁명은 다시 더듬거리며 '헌장'이라는 말을 입에 올렸다.

워털루 속에서 오직 워털루 속에 있는 것만을 보자. 그 속에 자유를 추구하고자 하는 생각이나 계획 따위는 없었다. 반혁명은 본의 아니게 '자유주의자'가 되었고, 비슷한 맥락에서 나폴레옹도 본의 아니게 '혁명가'가 되었다. 1815년 6월 18일, 말 탄 로베스피에르[96]는 말에서 떨어졌다.

---

[96] 막시밀리앙 프랑수아 마리 이지도르 드 로베스피에르Maximilien François Marie Isidore de Robespierre(1758~1794)는 프랑스 혁명기의 정치가이다. 자코뱅파의 지도자로서 왕정을 폐지하고 1793년 6월 독재 체제를 수립하여 혁명 재판을 통한 공포정치를 펼쳤으나, 1794년 7월 테르미도르의 쿠데타로 타도되어 처형되었다. "말 탄 로베스피에르Robespierre à cheval"는 자유사상을 탄압한 나폴레옹에 반대했던 프랑스의 소설가로, 낭만주의의 선구자로 평가받는 스탈Staël 부인(1766~1817)이 사용한 표현이며 나폴레옹을 가리킨다.

16

신권神權이 다시 일어서다

독재가 끝나면서 유럽의 한 체제가 완전히 무너졌다.

제국은 마치 쇠하여 사라져간 로마 제국의 어둠과 같은 어둠 속으로 내려앉았다. 사람들은 야만인들이 침입했던 시절처럼 다시금 심연을 보았다. 다만 1815년의 야만은, 그것에 다른 이름을 부여해야 한다면 반혁명이라고 하겠지만, 기력이 부족해 숨을 가삐 몰아쉬다가 단명하고 말았다. 사실대로 말하자면, 멸망한 제국은 사람들의 눈물을, 특히 영웅적인 사람들의 눈물을 자아냈다. 영광이 왕의 지휘봉 꼴을 하고 있는 크고 긴 칼 속에 있다면, 제국은 영광 그 자체였다. 제국은 전제정치가 줄 수 있는 모든 빛을 세상에 널리 퍼뜨렸다. 그것은 거무튀튀한 빛, 아니 더 나아가 캄캄한 빛이었다. 진정한 낮과 비교하면 그것은 밤에 속한다. 그런 밤의 사라짐은 일식日蝕과 같은 인상을 주었다.

루이 18세는 다시 파리로 돌아왔다. 7월 8일의 윤무[97]는 3월 20일의 열광을 지워버렸다. 코르시카 사람[98]이라는 말은 베아른 사람[99]이라는 말의 반대 명제가 되었다. 튈르리 궁전의 둥근 지붕에는 다시 백색 깃발[100]이 나부꼈다. 망명가[101]가 임금의 자리에 앉았다. 하트웰[102]의 전나무 탁자는 백합 문양으로 장식한 루이 14세풍 안락의자 앞에 놓였다. 사람들은 부

---

97 루이 18세는 워털루 전투가 끝난 뒤인 7월 8일에 파리의 튈르리 궁에 입성했다. 아름답게 차려입은 여인들이 영국 및 프로이센 군사들과 윤무를 추었다고 한다.

98 나폴레옹은 1769년 8월 15일 코르시카의 아작시오에서 태어났다.

99 앙리 4세(1553~1610)를 가리킨다. 그는 나바라 왕국의 왕(엔리케 3세, 재위 1572~1589)이었으며 부르봉 출신으로는 최초로 프랑스 왕이 되었다. 프랑스 남서부의 산간 지역인 베아른 출신이다. 1598년에 공포한 낭트 칙령으로 신앙의 자유를 보장하여 종교 전쟁을 종결시켰다.

100 백색은 프랑스 왕실을 상징하는 색이다. 백색은 프랑스 왕권의 상징이었던 백합의 색이기도 하다.

101 오랫동안 망명 생활(1791~1814)을 했던 루이 18세를 가리킨다. 그는 1795년에 왕이 되었으나 이름뿐이었고 실권을 잡은 것은 1814~1824년이다. 또 나폴레옹이 다시 정권을 잡은 백일천하 기간에는 잠시 지위를 잃었다.

102 루이 18세는 1810년부터 1814년 귀국할 때까지 옥스퍼드 근처의 하트웰에 머물렀다. 1814년 6월, 헌법 헌장을 선포할 때 하트웰에 있던 '전나무 탁자' 위에 문서를 놓고 서명했다고 한다.

빈[103]과 퐁투아즈[104]의 일을 어제 일처럼 입에 올렸고, 아우스터리츠는 태곳적 일이 되어버렸다. 성단聖壇과 옥좌는 엄숙하게 우호 관계를 맺었다. 19세기에 가장 확실하게 사회의 안녕을 유지할 수 있는 토대라고 여겨졌던 것 중 하나가 프랑스 및 유럽 대륙에 확립되었다. 유럽이 백색 휘장을 선택했다. 트레스타용[105]은 이름을 떨쳤다. 센 강 기슭의 오르세에 있는 병영 정면에 새긴, 돌로 된 태양 형상의 햇살 사이에, '우리 왕국은 어느 왕국보다 우월하다non pluribus lmpar'라는 (부르봉 왕조의) 표어가 다시 나타났다. 황제의 근위대가 주둔하던 곳에는 붉은 색깔의 건물 한 채가 들어섰다. 승리의 여신들을 힘겹게 짊어지고 있는 카루젤 개선문[106]은, 새롭게 받아 든 물건들에 어색해하고, 마렝고와 아르콜라에서 거둔 승전의 기억 때문에 아마 조금은 수치스러워하면서도, 다행히 앙굴렘Angoulême 공

---

103 부빈은 프랑스 노르 주에 있는 마을이다. 이곳에서 프랑스 왕 필리프 2세는 1214년 7월 27일 신성 로마 제국의 황제 오토 4세, 잉글랜드의 존 왕, 플랑드르 백작인 포르투갈의 페르난두 등의 다국적 연합군을 상대로 결정적인 승리를 거두었다.

104 퐁투아즈는 파리 북서쪽 우아즈 강 우안에 있다. 백년전쟁(1337~1453) 때 두드러진 역할을 한 곳이다.

105 트레스타용Trestaillon은 프랑스 남부 도시 가르에서 백색 공포Terreur blanche 시대(1815)에 악명을 떨쳤던 자크 뒤퐁Jacques Dupont이라는 자의 별명이다.

106 카루젤 개선문Arc de Triomphe du Carrousel은 프랑스 파리의 튈르리 광장 중앙에 있는 개선문으로, 나폴레옹의 수많은 전쟁 승리를 기념하기 위해 1808년에 세워졌다. 이 개선문 위에는 이륜 전차 양편으로 승리의 여신들이 조각되어 있다.

작[107]의 동상 덕분에 곤경을 면했다. 1793년 공포정치기에 무시무시한 공동 묘혈로 변했던 마들렌 묘지는, 루이 16세와 마리 앙투아네트의 뼈가 그 먼지 구덩이 속에 방치되어 있다고 해서 대리석과 벽옥碧玉으로 둘러씌워졌다. 뱅센 성의 해자 속에서는 작은 돌기둥 묘표 하나가 나와서, 나폴레옹의 대관식이 거행되었던 바로 그달에 앙갱Enghien 공작[108]이 처형되었다는 사실을 떠올리게 했다. 앙갱의 총살형이 집행된 바로 그 무렵에 대관식을 집전한 교황 피우스Pius 7세는, 황제의 즉위를 축복했을 때처럼 황제의 몰락을 엄숙하게 축하했다. 쇤브룬에는 네 살 먹은 작은 그림자 하나가 있었는데, 그를 '로마 왕'[109]이라 부르면 불온 세력으로 간주되었다. 그렇게 일들은 이루어졌고, 왕들은 다시 그들의 옥좌에 앉았고, 유럽을 호령하던 주인은 짐승의 우리에 갇혔고, 구체제는 다시 새로운 체제가

---

107 루이 19세(1775~1844)를 가리킨다. 아버지 샤를 10세가 전제정치로 쫓겨나고 루이 19세 역시 보수적 성향이 강했기 때문에, 앙리Henri d'Artois를 왕위에 올리기 위해 형식적으로 즉위했다가 20분 만에 양위했다. 즉위하기 전에 가지고 있던 작위를 따라서 앙굴렘 공작 루이 앙투안이라고도 불린다.

108 루이 앙투안 앙리 드 부르봉 콩데Louis Antoine Henri de Bourbon-Condé(1772~1804), 일명 앙갱 공작은 나폴레옹을 암살하려는 계획을 꾸몄다는 혐의로 중립 영토에 살고 있었지만 강제로 납치·체포되어 1804년 3월 21일 파리 뱅센에서 처형되었다.

109 나폴레옹 2세를 가리킨다. 나폴레옹 1세는 조제핀Joséphine 황후와의 사이에서 아이가 없자 1810년에 그녀와 이혼하고, 오스트리아의 여대공 마리아 루시아Maria Lucia와 재혼하여 아들을 얻게 된다. 나폴레옹 2세는 1811년 3월 20일에 파리의 튈르리 궁전에서 태어나자마자 황태자의 작위인 '로마 왕'에 책봉된다.

되었고, 지상의 빛과 그림자는 모두 그 자리를 바꾸었다. 그 모든 일들은, 어느 여름날 오후에 어느 목동 하나가 숲 속의 프로이센 사람에게 "이쪽 길로 가셔야지 저쪽 길로 가시면 안 됩니다!"라고 한 말 때문에 일어났다.

그 1815년은 침울에 가까운 4월이었다. 유해하고 유독한, 낡은 현실이 외관을 새로 매만져 꾸미고서 나섰다. 엉터리가 1789년과 결혼하고, 신에게서 받은 신성한 권력이 헌장의 탈을 쓰고, 허구가 헌법이라고 자칭하고, 편견과 미신과 저의가 헌법 제14조[110]를 마음속에 품은 채 자유주의로 겉을 치장했다. 그것은 뱀이 허물을 벗는 것에 불과했다.

인간은 나폴레옹에 의해 위대해졌고 동시에 왜소해졌다. 이상理想은 찬란한 물질의 지배 아래에서 '관념론'이라는 기묘한 이름을 얻었다. 미래를 조롱한 것은 위인의 중대한 실수였다. 하지만 포수를 열렬히 사랑하여 자기 살을 포탄으로 내주던 그 백성들은 그를 두리번거리며 찾고 있었다. 그는 어디 있는가? 그는 무얼 하고 있는가? 마렝고와 워털루에서 싸우다

---

110 헌법 헌장Charte constitutionnelle française de 1814의 제14조를 가리킨다. "왕은 국가의 최고 지도자로서 육해군을 통솔하고, 전쟁을 선포하고, 평화와 동맹과 통상의 조약을 체결하고, 관리를 임명하고, 법률의 집행과 국가의 안전 보장을 위해 필요한 규정 및 행정 명령을 발한다."

다친 어느 군인에게 행인 하나가 "나폴레옹은 죽었소"라고 말하자, 그 상이군인이 "그분이 죽었다고! 대관절 그분을 알기나 하오!"라고 외쳤다. 사람들의 상상력은 이미 나폴레옹이 쓰러졌다는 사실을 부인하고 있었다. 워털루 전투가 끝난 후 유럽의 밑바탕은 캄캄해졌다. 나폴레옹이 사라짐으로써 거대한 그 무엇인가가 오랫동안 공백으로 남아 있었다.

왕들은 그 공백 속에 들어앉았다. 낡은 유럽은 그것을 기회로 재편성되었다. 신성 동맹[111]이 맺어졌다. 그런데 워털루의 숙명적인 전장은 그에 앞서 '벨알리앙스'[112]라고 불리었다.

새로 만들어진 이 오래된 유럽을 마주하여, 그리고 그러한 유럽에 맞서 새로운 프랑스의 윤곽이 그려졌다. 황제에게 조롱을 받던 미래가 다시 등장했다. 이마에는 '자유'라는 별을 달고 있었다. 젊은 세대의 이글거리는 눈은 일제히 그쪽으로 쏠렸다. 기이하게도 사람들은 '자유'라는 미래와 '나폴레옹'이라는 과거에 동시에 반했다. 패배가 패자를 위대하게 만들었다.

---

111   원어는 생 알리앙스Saint-Alliance. 신성 동맹은 1815년에 러시아, 오스트리아, 프로이센 세 나라의 군주가 파리에서 맺은 동맹이다. 기독교의 정신을 바탕으로 국내외의 정치에서 정의와 자애, 평화를 표방했으나 실질적으로는 아무런 성과를 거두지 못한 무의미한 것이었다.

112   원어는 Belle-Alliance. '아름다운 동맹'이라는 뜻이다. 워털루 전투가 치러지는 동안 나폴레옹의 지휘부가 있었던 곳의 지명이다.

윌리엄 퀼러 오차드슨William Quiller Orchardson, 〈벨레로폰 갑판 위의 나폴레옹〉(1880년경).

워털루 전투에서 패배한 후 나폴레옹은 세인트헬레나 섬으로 유배되었고 그곳에서 1821년 사망할 때까지 머물렀다. 세인트헬레나로 가는 벨레로폰호 갑판 위에 선 나폴레옹은 왼편의 해군 장교들 무리에서 외따로 떨어진 채 바다를 바라보며 깊은 생각에 빠져 있는 듯한 모습이다.

넘어진 보나파르트가 서 있는 나폴레옹보다 더 커 보였다. 승리한 자들은 전전긍긍했다. 영국은 허드슨 로[113]를 시켜 그를 지키게 했고, 프랑스는 몽슈뉘[114]를 시켜 그의 동정을 살피게 했다. 팔짱을 끼고 있는 그의 모습은 옥좌들의 걱정거리가 되었다. 알렉산드르[115]는 그를 "나의 불면증"이라고 불렀다. 그러한 공포는 그의 안에 내재해 있던 그 엄청난 혁명 때문이었다. 그것이 곧 보나파르트식의 자유주의를 설명해주고 변호해준다. 그 유령은 낡은 세계를 벌벌 떨게 했다. 왕들은 〔저 멀리〕 수평선에 있는 세인트헬레나의 바위 때문에 불편한 심기 속에서 군림했다.

나폴레옹이 롱우드에서 죽어가고 있는 동안, 워털루 벌판에 쓰러진 6만의 병사들은 조용히 썩어갔다. 그리고 그들의 평화로부터 무엇인가가 세계로 퍼져나갔다. 빈 회의는 그것으로 1815년의 조약을 만들었고, 유럽은 그 작업을 가리켜 복고

---

113   허드슨 로Hudson Lowe(1769~1844)는 영국의 군인으로, 세인트헬레나 총독으로 있으면서 나폴레옹을 감시하는 역할을 맡았다.

114   클로드 마랭 앙리Claude-Marin-Henri, 일명 몽슈뉘Montchenu 후작(1757~1831)은 프랑스 정부의 판무관으로 세인트헬레나에서 나폴레옹의 임종을 지켜보았다.

115   알렉산드르 파블로비치Aleksandr Pavlovich(1777~1825)는 러시아의 황제로, 나폴레옹 전쟁 때 프랑스의 나폴레옹 1세와 싸우기도 하고 그에게 호의를 보이기도 했다. 그러나 결국에는 프랑스 황제를 무찌른 동맹 형성에 이바지했으며(1813~1815), 빈 회의(1814~1815)에 참여해 신성 동맹(1815)을 맺기 위해 애썼다.

프랑수아 조제프 상드만François Joseph Sandmann, 〈세인트헬레나의 나폴레옹〉.

라고 불렀다.

워털루의 전모는 이러하다.

하지만 무한자에게 그것이 무슨 의미가 있겠는가? 그 모
든 폭풍우도, 그 모든 구름도, 그 전쟁도, 그 후의 평화도, 그
모든 어둠도, 광막한 눈의 섬광을 단 한 순간도 흐리게 하지
못했으니, 그 강렬한 눈빛 앞에서는 풀잎에서 풀잎으로 옮겨
다니는 진딧물도 노트르담 대성당의 종탑에서 종탑으로 날아
다니는 독수리와 다를 바 없다.[116]

---

116 1815년 2월 25일 엘바 섬을 떠나면서 나폴레옹은 다음과 같이 군 장병들에게 고했다.
"장병들이여, 그대들의 사령관 깃발들 아래로 와서 정렬하도록. 승리를 향해 돌격의
발걸음으로 전진하리라. 독수리 군기는, 삼색 군기와 더불어 종탑에서 종탑으로 날듯
이 달려가 노트르담 대성당의 종탑에까지 쏜살같이 다다를 것이다."

나폴레옹, 1815년 6월 18일
고봉만

나폴레옹 보나파르트Napoléon Bonaparte(1769~1821)는 프랑스 혁명과 유럽 낭만주의 시대를 대표하는 영웅이자 천재였다. 그에 필적할 만한 인물은 아무도 없었다. 신화로 둘러싸인 그의 삶은 평범한 후세 사람들의 눈에는 경이롭기까지 하다. "재산도 배경도 없는, 평범한 서민 출신의 젊은이가 아작시오라는 작은 도시에서 출발해 유럽 최고의 왕좌 가운데 하나를 차지하고, 오스트리아의 왕녀와 결혼하고, 로마 교황으로부터 축성을 받고, 유럽의 거의 모든 강국들을 지배하고, 모스크바와 이집트 카이로에까지 위력을 행사하고, 자기 형제들을 차례로 스페인과 나폴리와 네덜란드와 베스트팔렌의 왕좌에 앉힌 사실이 그저 놀랍기만 하다. 이 모든 사건들도 믿기 어렵지만, 1814년 단 며칠 만에 패배한 후 1815년 기적처럼 회생해서 3개월을 버티다가, 자신이 지배했던 세력들이 맺은 동맹군에 의해 영원히 추락해버린 사실은 더욱더 충격적이다."*

1815년 6월 18일 벨기에의 작은 마을, 워털루에서 나폴레옹의 시대가 끝났다. 그것은 19세기 유럽의 '돌쩌귀'였다. 유럽 역사의 분수령이 된 이 전투에서 나폴레옹은 완전히 제압되었고 유럽 대륙에 대한 프랑스의 지배도 끝을 보게 되었다.

세계에서 가장 오래된 역사를 지닌, 독일의 백과사전《브로크하우스 백과사전_Brockhaus Enzyklopadie_》은 1848년 판에서 워털루 전투에 대해 다음과 같이 간결하게 기술하고 있다. "벨기에 남南브라반트 지방의 마을. 샤를루아와 브뤼셀 사이의 도로변, 수아뉴 숲 가장자리에 자리 잡은 이 마을 인근에서 1815년 6월 18일 나폴레옹은 웰링턴과 블뤼허에게 패했다. 이 전투로 인해 제국 프랑스는 두 번째로 몰락했다."

전 유럽을 아우르는 제국을 건설하려던 나폴레옹의 야망은 1812년 러시아 원정에 실패하면서 무너지기 시작했다. 20년에 걸친 전쟁을 겪어온 그의 적들은 그에게서 배울 만큼

---

* 장 앙투안 샤프탈Jean-Antoine Chaptal,《회고록_Mes souvenirs sur Napoléon_》(Paris : Librairie Plon, 1893).

배웠고, 러시아는 그것을 증명해 보였다. 이 끔찍한 원정에서 나폴레옹은 40만 명 이상의 부하와 동맹국의 신뢰, 적군의 두려움을 모두 잃었다.

1813년에 구성된 오스트리아·프로이센·러시아·스웨덴 동맹군은 마침내 수적으로 프랑스군을 능가하는 병력을 보유하기에 이른다. 결국 1813년 10월 16일부터 18일까지 라이프 치히에서 벌어진 전투에서 나폴레옹군은 패배하고 만다. 이듬해 3월에 파리가 함락되고, 4월 6일 나폴레옹은 퇴위한다. 1814년 4월 11일 체결된 퐁텐블로 조약에 의해 나폴레옹은 지중해의 작은 섬 엘바로 유배된다. 나폴레옹은 황제의 지위를 유지한 채 이 섬에서 9개월 21일을 머무른다.

프랑스에서는 루이 18세가 새로 왕좌에 올랐다. 하지만 루이 18세는 무능했다. 사람들은 처음에는 전쟁에서 벗어나게 되었다는 안도감을 느꼈지만, 그것은 이내 커다란 실망으로 바뀌었다. 시민들은 혁명 이전의 질서로 되돌아간 것을 못마땅해했으며, 망명 귀족들의 귀환을 우려했다. 대륙 봉쇄령이 끝나자 프랑스 공장들과 공방들은 어려움에 처하게 되었다. 나폴레옹이 축적해둔 프랑스의 재정은 빠르게 탕진되었고, 루이 18세는 나라를 위해 목숨을 걸었던 참전 용사들의 비참한 상황을 외면했다. 나폴레옹을 다시 옹립하자는 움직임이 거세게 일었다.

　빈에서는 1814년 9월부터 프랑스 대혁명 및 나폴레옹 전쟁 이후의 새로운 국제 질서를 수립하기 위한 국제회의가 열렸다. 유럽 주요 국가들의 대표들은 뒷거래에만 열중했고 회의는 전체적으로 진척이 없었다. 왕족이나 귀족 출신 각국 대표들이 향연과 무도회에만 열중해 '회의는 춤춘다. 그러나 회의는 진행되지 않는다'라는 비난이 일 정도였다. 이들의 정신을 번쩍 들게 한 것은 나폴레옹이 엘바 섬을 탈출하여 20여 일만에 파리에 입성, 정권을 재탈환했다는 충격적 사실이었다.

　나폴레옹은 '앵콩스탕Inconstant'('불안정하다'는 뜻)이라는 이름의 배를 타고 바다에서 3일을 보낸 후 1815년 3월 1일, 남프랑스의 쥐앙 만에 상륙한다. 유럽의 역사상 가장 유명한 사건 중 하나로 남을 백일천하百日天下의 서막이었다. 그는 엘바 섬을 떠나면서 다음과 같이 군 장병들에게 고했다. "장병들이여, 그대들의 사령관 깃발들 아래로 와서 정렬하도록. 승리를 향해 돌격의 발걸음으로 전진하리라. 독수리 군기는, 삼색 군기와 더불어 종탑에서 종탑으로 날듯이 달려가 노트르담 대성당의 종탑에까지 쏜살같이 다다를 것이다. 그렇게 되면 명예롭게 그대들의 상처를 보여줄 수 있을 것이다. 그대들은 자신들이 한 일에 대하여 자랑스럽게 이야기할 수 있을 것이며,

카를 하인리히 랄Carl-Heinrich Rahl, 〈쥐앙 만에 상륙한 나폴레옹〉(1815).

그대들은 조국의 해방자가 되리라."

　나폴레옹이 프랑스로 돌아온 것은 낭만주의 문학 작가 샤
토브리앙François Auguste René de Chateaubriand(1768~1848)의 말대
로 "단 한 사람이 한 나라에 침입한" 사건이었다. 나폴레옹은
자신을 상징하는 독수리가 "종탑에서 종탑으로 날듯이 달려가
노트르담 대성당의 종탑에까지" 간 것이란 말로 표현했다. 루
이 18세에 대한 국민의 지지도가 매우 낮을 때, 즉 국민이 왕정
복고에 환멸을 느낄 때 그가 통치권을 빼앗기 위해 돌아온 것

이다.

나폴레옹은 일부러 니스와 그르노블을 거쳐 파리로 가는 긴 여정을 선택함으로써 자신에 대한 민심의 지지를 확보하고자 노력했다. 그는 프랑스 땅에 상륙한 첫날부터 곳곳에 '내가 황위를 탈환하고 제국을 복원하겠으니 군사들은 모두 합류하라'라는 내용의 게시문을 내걸었다. "군사들이여, 대장의 깃발 아래 정렬하라. 대장은 그대들이 있기에 존재하는 것이다. 그대들 대장의 권리는 시민들과 그대들의 권리가 있기에 가능한 것이다." 그르노블의 시민들은 1815년 3월 7일 파괴된 성문의 잔해를 가져온다. "선량한 도시 그르노블의 열쇠가 없으니 우리는 폐하께 아예 성문을 넘겨드립니다."

루이 18세는 미셸 네 원수와 술트 원수에게 명해 군사를 이끌고 가 이들을 토벌하게 했다. 그러나 이들은 오히려 나폴레옹군에 합세했다. 루이 18세는 군대가 자신에게 충성하고 있지 않다는 사실을 감지하고 3월 20일에 파리를 떠나 벨기에의 강(헨트)로 간다. 웰링턴은 황급히 루이 18세 일행을 이끌고 영국으로 달아난다. 나폴레옹은 같은 날 7,000명의 군사를 이끌고 파리에 입성한다. "황제 폐하, 드디어 파리에 입성하시다!" 1815년 3월 20일, 당시 프랑스에서 최대 판매 부수를 자랑하는 일간지였던 《르 모니퇴르 위니베르셀 *Le Moniteur univer-*

프랑수아 조제프 하임François Joseph Heim, 〈황제의 귀환〉(1815).

sel》은 엘바 섬을 탈출한 나폴레옹 1세의 파리 입성을 이렇게
보도했다.

　　나폴레옹의 엘바 섬 탈출에 유럽의 귀족들은 경악한다. 그
들은 나폴레옹과 더불어 혁명의 불씨가 완전히 소멸되기를 희
망했기 때문이다. 프랑스의 코르시카 섬 알라타 출신인 러시
아의 정치가이자 외교관 포초 디 보르고Carlo-Andrea Pozzo di Bor-
go(1768~1842)는 새로운 구질서의 지배자들에게 이렇게 경고

한다. "나폴레옹이 파리에서 혁명의 횃불을 손에 들고 있다. 외국 열강들은 서둘러 재앙을 틀어막아야 한다. 그러지 않으면 다시금 사회 질서의 모든 토대가 뒤집힐 수 있기 때문이다."

나폴레옹은 제국의 부활을 선언하고 대프랑스 동맹국에게 정치적 교섭을 제안한다. 강화와 공존을 주장하는 친서를 보낸 그는 그들이 자신의 권력 탈환을 묵인해주기를 바랐다. 그러나 한 주 전에 연합국의 주요 4개국은 이미 전쟁에 돌입하기로 합의한 상태였다. 3월 25일 연합국 측은 전쟁을 선포했고, 나폴레옹이 수천 명의 참전 용사들을 현역에 복귀하게 하고 군대를 재편성하는 등의 과업에 착수하는 동안 연합국은 프랑스의 동부 및 북동부 국경으로 4개의 대규모 군대를 집결시키는 계획을 승인했다.

스페인에서 나폴레옹 군대에 맞서 전과를 올린 적이 있는 영국군 총사령관 웰링턴 경은 영국, 독일 하노버 선제후국, 브라운슈바이크 공국, 나사우, 네덜란드-벨기에 부대들로 군대를 편성했다. 1815년 6월 이들은 브뤼셀, 몽스, 이프르, 강(헨트) 사이의 지점에 배치되었다.

그보다 남서쪽, 마스트리히트와 리에주, 나무르, 그리고 브뤼셀의 중간 지점에서는 프로이센의 4개 군단과 블뤼허 원수가 포진하고 있었다.

슈바르첸베르크Karl Philipp Fürst zu Schwarzenberg(1771~1820)
가 지휘하는 오스트리아 군대 30만 명이 알자스-로렌을 경유
해 프랑스 국경을 향해 진군할 예정이었다. 바르클레 드 톨리
Michel Barclay de Tolly(1761~1818)가 지휘하는 16만 5,000명의 러
시아 군대도 알프스 산맥을 넘어 프랑스를 공격할 채비를 하
고 있었다.

　나폴레옹은 대프랑스 동맹군에 대항할 병력을 구성할 수
없었다. 그가 황제의 자리에 다시 올랐을 때 겨우 20만 명 정
도만이 무장을 유지하고 있었던 것이다. 나폴레옹 시대의 프
랑스는 세계 최초로 징병제를 채택했다. 왕정으로부터 혁명을
지켜내고자 '모든 시민은 병사여야 하고 모든 병사는 시민이
어야 한다'는 기치 아래 실시된 징병제는 전쟁을 수행하는 보
루가 되었다.

　루이 18세는 징병제를 폐지했고 그 정책은 돌이킬 수 없
었다. 나폴레옹은 고참병을 차출하고, 신병을 조금이라도 더
끌어모으기 위해 권고와 협박 등 모든 방법을 동원했다. 하지
만 훈련 시간은 부족했고 장비도 턱없이 모자랐다.

　불가항력의 열세로 인해 그는 두 가지 전술 중 하나를 선
택하지 않을 수 없었다. 로마의 장군 파비우스Quintus Fabius Maxi-
mus Cunctator(기원전 275?~203)가 한니발이 이끄는 카르타고

침략군에 대항해 시도한 지연 전술이 그 하나였다. 정면 대결은 피하면서 지구전으로 적을 지치게 하는 지연 전술을 구사하여 충분히 오래 끌 수만 있다면 연합국은 지쳐서 자신과 평화 협정을 맺을 터였다. 다른 하나는 벨기에에 이미 집결 중이던 영국 및 프로이센 군대에 공세적 타격을 가하는 전술이었다. 만약 이 방법이 성공한다면 오스트리아 및 러시아가 패배의 위험을 무릅쓰고 진격하는 것을 막을 수 있을 터였다. 나폴레옹은 자연스럽게 공격 전술에 끌렸다.

나폴레옹은 언제나 전광석화처럼 행동했다. 그는 탁월한 기습 공격으로 유럽과 근동 지역에서 벌어진 전쟁마다 승리를 거두었다. 그는 민첩하게 결단하고 민첩하게 실행에 옮겼다. 부대의 이동, 화력의 재배치, 그리고 기동대의 공격 등 모든 것이 신속하게 이루어졌다. 1805년에는 "황제께서는 전쟁을 수행하는 새로운 방법을 발견하셨다. 우리에게 팔 대신 다리를 사용하게 하신 것이다"라는 말이 통용되었다. 그만큼 기동전을 효과적으로 펼쳤던 것이다.

그러나 1815년 6월 나폴레옹은 기습 공격을 핵심으로 하는 자신의 작전에 대해 자신감을 잃고 있었다. 훗날 그는 세인트헬레나에서 다음과 같이 고백했다. "나는 운명이 나를 버렸다는 것을 느끼고 있었다. 결정적인 성공에 대한 느낌을 가질 수 없었다. 과감히 시도하지 못하는 것은 적절한 순간에 아무 것도 하지 못함을 의미하는 것이다. 행운에 대한 확신 없이는 아무것도 감행할 수 없다!"

나폴레옹은 영국 및 프로이센 연합군과 맞설 만큼 충분히 강력하지 못했다. 그는 적의 병력이 최소한 18만, 즉 자기 쪽보다 거의 두 배에 가까운 수준임을 알고 있었다. 만약 두 동맹군이 함께 작전을 펼친다면 프랑스군은 열세를 면치 못할 것이지만, 프랑스군이 두 군대와 동시에 싸우지 않고 개별적으로 대적할 수 있다면 충분히 승산이 있다고 나폴레옹은 생각했다.

나폴레옹은 먼저 한 나라 군대를 전투에 돌입시키고 이 과정에서 전투에 직접 참가하지 않은 또 다른 군대가 지원에 나서지 못하도록 작전 계획을 세웠다. 이제 어느 나라 군대를 공격할지를 선택하는 게 문제였다. 그들의 연락선을 연구하자 답이 나왔다. "영국군의 기지는 벨기에의 항구들이었고, 프로이센의 기지는 라인란트에 있었다. 어느 쪽을 공격하더라도 각자의 거점으로 물러날 가능성이 있었고 그렇게 되면 연락선이 직각으로 연결되었던 두 나라 군대의 틈이 벌어질 것이었다. 영국군을 공격하면 프로이센 군대가 원조에 나서도록 자극할 가능성이 있었다. 그러나 나폴레옹은 웰링턴이 블뤼허를 돕기 위해 항구와의 연락선을 위험에 빠뜨리는 모험을 하지는 않을 것이라고 생각했다. 이런 추론을 바탕으로 나폴레옹은 먼저 프로이센을 치기로 결심했다."*

나폴레옹의 일일 훈령은 사기를 끌어올리기로 유명했다. 6월 14일에 내린 훈령도 마찬가지였다. 그는 오스트리아령 네덜란드(대체로 오늘날의 벨기에에 해당한다)로 들어가는 자신의 부대에게 그날이 1800년에 마렝고와 1807년에 프리틀란트(지금의 러시아 프라브딘스크)에서 대승을 거둔 날이라는 사실을 일깨웠다. 나폴레옹은 다음과 같이 말했다.

"장병들이여, 오늘은 바로, 유럽의 운명을 두 번이나 결정했던 마렝고와 프리틀란트의 기념일이다. 아우스터리츠 전투와 바그람 전투에서 우리는 너무 관대했다. 우리는 왕자들의 서약과 맹세를 믿고 그들을 왕좌에 놔두었다. 그렇지만 오늘날, 그들은 우리에 대항해서 동맹을 맺고, 프랑스의 독립과 가장 성스러운 권리를 빼앗으려 노리고 있다. 그들은 침략 중에서 가장 부당한 침략을 시작한 것이다. 그들과 맞서 싸우기 위해 전진하자. 그들과 우리는 이제 같은 인간이 아닌 것이다.

장병들이여, 예나에서, 오늘날 아주 오만해진 저 똑같은

---

* 존 키건, 《전쟁의 얼굴》, 정병선 옮김(지호, 2005), 143~146쪽.

프로이센인들과 맞서 싸울 때 그대들은 3대 1의 병력이었다. 몽미라유에서는 6대 1의 병력이었다. 분별없는 것들! 한순간의 행운이 그들의 눈을 멀게 하고 있다. 그들이 프랑스로 들어오면, 그곳에서 자신들이 묻힐 무덤을 보게 되리라. 장병들이여, 우리는 강행군을 해야 하고, 전투를 벌여야 하고, 위험을 무릅써야 한다. 그러나 끈질기게 싸워서 승리는 우리의 것이 될 것이다. 즉 조국의 여러 권리, 명예를 되찾게 될 것이다. 자부심을 가진 모든 프랑스인들에게, 승리하느냐 또는 죽느냐의 순간이 온 것이다."

1815년 6월 15일 프랑스군은 상브르 강을 건너 브뤼셀 남쪽에 있는 샤를루아에 진을 쳤다. 두 동맹군의 지휘관들은 크게 놀랐다. 나폴레옹이 어디에 있었고, 무슨 일을 했는지, 동맹군 부대의 첫 대응 조치는 무엇이었는지, 웰링턴이 처음으로 정보를 들은 때가 언제였는지에 대해서는 여전히 논란에 휩싸여 있다. 하지만 웰링턴이 보였을 만한 반응을 생생하게 요약하는 말이 있다. "맹세컨대 나폴레옹은 나를 속였다! 나폴레옹은 스물네 시간 동안 행군하여 내게 도달했다."

영 연합군과 프로이센의 4개 군단은 전열을 형성하기에는 너무 넓은 지역에 분산되어 있었고, 웰링턴은 브뤼셀에서 열린 무도회 때문에 정확한 상황을 파악하지 못하고 있었다. 리치먼드 레녹스Richmond Lennox 공작 4세(1764~1819) 부부가 주최한 이 무도회는 19세기에 가장 유명한 사교 행사 가운데 하나였다. 당시 웰링턴은 연회의 여주인에게 이렇게 말했다. "공작부인, 부인께서는 무도회가 중단될 수 있다는 걱정은 접어두고 안심하고 무도회를 여셔도 됩니다." 그러나 그는 무도회 중간에 수비대장에게서 프랑스군이 당도했다는 소식을 듣고서야 자신이 저지른 잘못을 깨달았다. 그는 이튿날 새벽 5시 반에 싸움터로 출발했다.

6월 16일 세 나라의 군대는 격전을 벌이기 일보 직전에 이르렀다. 나폴레옹은 남쪽 방향에서, 웰링턴은 북쪽 방향에서, 그리고 블뤼허는 북동쪽 방향에서 근접하고 있었다. 영국군과 프로이센군은 가능한 한 빨리 합류하기 위해 행군을 서둘렀고, 나폴레옹은 영국군과 프로이센군이 합류하는 것을 막아야 했다. 나폴레옹은 군대를 나누어 6월 16일 리니에서 주력 부대를 이끌고 프로이센군을 공격했다. 같은 날 다른 부대들은 워털루 남쪽 12킬로미터 지점에 위치한 카트르브라에서 웰링턴의 군대와 싸웠다.

나폴레옹은 기병으로 프로이센군의 좌익을 견제하고, 중앙과 우익을 정면 공격하여 격파할 계획이었다. 대규모 포병 사격과 보병 공격을 펼친 다음에는 네 원수의 군대의 일부가

윌리엄 반스 볼런William Barnes Wollen, 〈카트르브라에서 싸우는 영국군〉(1815).

1815년 6월 16일, 전략적 교차로 카트르브라 부근에서 웰링턴이 이끄는 영국-네덜란드 연합군과 미셸 네가 이끄는 프랑스군이 서로 싸우고 있다.

프로이센군의 우익에 나타날 것이었다. 그러나 카트르브라 점령에 실패한 네는 황제의 명령을 수행할 능력이 없었다.

전투는 초반부터 격렬했다. 치열한 백병전이 포함된 다섯 차례의 시도 끝에 프랑스 병사들은 리니 마을의 일부를 장악하는 데 성공했다. 나폴레옹은 제국 근위대와 흉갑 기병을 투입해 프로이센군을 격파했다. 프로이센군은 이 전투에서 1만 2,000명을 잃었다. 73세의 늙은 프로이센 지휘관 블뤼허는 말이 총에 맞으면서 전장에 쓰러졌다. 날이 상당히 저물어서야 충직한 보좌관 한 명이 그를 구출하여 후방으로 이송했다.

혼란에 빠진 프로이센군은 무질서하게 퇴각했다. 프로이센의 참모장 그나이제나우August Wilhelm Antonius Graf Neidhardt von Gneisenau(1760~1831)는 아직 발효 중인 명령을 거스르고 영국군 좌측 뒤편에 있는 리니 북쪽의 와브르로 부대를 서둘러 후퇴시키기 시작했다. 자체 보급선이 차단될 위험을 무릅쓴 이 퇴각은 나폴레옹이 전혀 예상하지 못한 것이었다. 순전히 우연에 의한 것이었던 이 선택으로 인해 프로이센군은 웰링턴과 협력할 수 있는 가능성을 유지시킨 셈이었다.

황제가 리니의 승리를 굳히고 싶었다면 프로이센군을 맹렬히 추격해서 섬멸했어야 했다. 그러나―그리고 놀랍게도―프로이센군이 전장에서 황망히 떨어져 나가는 동안, 예상되던 프랑스군의 추격은 없었다. 대부분의 병사들은 아무런 방해도 받지 않은 채 와브르로 후퇴할 수 있었다. 나폴레옹은 왜 추격 명령을 내리지 않았을까? 그는 블뤼허 부대를 완전히 '무찔렀다'고 생각했고 또 그렇게 믿고 있었다. 그래서 이날 밤 그는 적을 추격하여 철저히 격멸해야 한다는 의견을 무시했다. 여기서 우리는 다시 한 번 나폴레옹이 사태를 지나치게 낙관하고 있었으며 그의 기력 또한 쇠퇴했음을 보게 된다. 예

어니스트 크로프츠, 〈리니 전투〉(1875).

보병들이 전진하는 가운데 나폴레옹이 참모들에게 둘러싸인 채 전장을 살펴보고 있다. 리니 북서쪽에 위치한 이 언덕 위 풍차는 전략적으로 유리한 지점이었다. 리니 전투에서 나폴레옹은 프로이센군에게 대승을 거두었으나 퇴각하는 프로이센군을 추격하여 섬멸하는 데 실패했고, 이는 워털루 전투 패배의 빌미가 된다.

전 같으면 그는 기병대를 독려해 즉각적이고 맹렬하게 적을 추격하도록 했을 것이다.

6월 17일 오전 11시가 되어서야 나폴레옹은 그루시에게 병력 3만 4,000명을 주어 프로이센군을 추격하게 했다. 이것이 또 하나의 실수였다. 결정적인 전투를 앞두고 주력 부대 하나를 분리시킴으로써 전력에 구멍이 생겼기 때문이다. 나폴레옹은 또한 어떠한 대가를 치르더라도 웰링턴을 카트르브라에 잡아두라는 명령을 수행하고 있는 네 장군에게 지원 부대를 보냈다. 그러나 네 장군은 웰링턴이 도망치는 것을 막지는 못했다. 곧 나폴레옹은 영국과 네덜란드 연합군을 공격하기로 결심했다. 그 후에는 브뤼셀로 가는 길이 열릴 것이었다.

웰링턴은 위기에 봉착했다는 사실을 깨달았고 곧바로 퇴각을 준비시켰다. 작전상 후퇴였다. 6월 17일 내내 웰링턴은 프랑스군의 추격을 받으며 군대를 북쪽의 몽생장 고지로 이동시켰다. 웰링턴은 프로이센군이 곧 그의 군대와 합류할 것으로 생각하고 그곳에서 새로운 전투를 준비했다. 그동안 영국군의 후위 부대는 프랑스군의 주력 부대와 계속해서 소규모 전투를 벌였다.

프랑스군이 웰링턴의 작전을 파악했을 무렵, 상황은 이미 돌이킬 수 없는 상태가 되어 있었다. 웰링턴의 주력 부대는 위기를 벗어났고, 나폴레옹이 할 수 있는 일은 너무도 무력한 자신의 지휘관들에게 분노를 퍼붓는 것뿐이었다.

엎친 데 덮친 격으로, 프랑스군이 추격을 시작할 무렵 엄청나게 비가 쏟아졌다. 도로는 진창이 되어버렸고, 빗물이 강처럼 흘러 대포 이동에 장애를 주었다. 오후가 다 지나가면서 웰링턴을 따라잡을 수 있는 확률은 사라져버렸다. 16일부터 내리기 시작한 비는 밤에도 멈추지 않고 다음 날 아침까지 계속되었다.

라 벨알리앙스와 워털루 사이의 몽생장 고지는 사전에 웰링턴과 그의 참모들이 방어에 아주 유리한 지형으로 눈여겨보아 둔 장소였다. 뒤에 있는 수아뉴 숲도 전술적으로 유용한 곳이었다. 퇴각이 필요할 경우, 보병들은 그 안으로 들어가 적 기병의 추격을 무력화할 수 있었다. 영국군의 방어선을 따라 흩어져 있는 농가 몇 채와 우구몽* 성은 강력한 방어 거점을 제공해주게 된다.

저녁 6시 30분 나폴레옹은 라 벨알리앙스에서 숙영을 하기로 했다. 그는 망원경으로 지형을 살피다가 몽생장 부근에 자리를 잡은 웰링턴의 부대를 발견했다. 저녁 9시 나폴레옹은

---

* 우구몽Hougoumont 또는 구몽Goumont이라고 불리는 곳. 위고를 비롯한 몇몇 작가들은 이곳을 우고몽Hougomont이라 부른다.

윌리엄 밀러William Miller, 〈우구몽〉(1836).

르 카유―라 벨알리앙스 남쪽 1.6킬로미터 지점―농장에 지
휘부를 설치했다. 그곳에서 그는 그루시가 보낸 연락병을 통
해 블뤼허가 와브르 마을을 가로지르는 딜(데일레) 강을 향해
이동하고 있다는 소식을 들었다. 이는 프로이센군이 웰링턴
부대와 가까워지고 있음을 의미했다. 그러나 나폴레옹은 블뤼

허 부대가 전투를 수행할 능력이 없다고 판단했다. 그리고 만약의 경우에는 그루시의 부대가 충분히 막아낼 수 있으리라고 생각했다.

나폴레옹 휘하에서 가장 경험이 풍부한 야전 지휘관 중 한 명인 술트 원수가 그루시의 병력 3만 4,000명 중 일부라도 지체 없이 소환하여 웰링턴과의 싸움을 지원하게 해야 한다고 건의했다. 나폴레옹은 이 제안을 가차 없이 묵살했다. 프로이센군의 의도를 잘못 읽고, 적을 과소평가하고, 자신이 지휘하는 부대의 역량을 과신한 나폴레옹의 또 다른 실책이었다.

나폴레옹은 6월 18일 새벽에 새로운 지시 사항을 하달했다. 새벽에 개시하려던 공격을 아침 9시로 연기한다는 내용이었다. 대포가 진창 속에 빠진데다 기병들도 신속하게 진격할 수 없기 때문에 땅이 좀 더 굳기를 기다리는 것이 좋겠다는 판단에서였다. 마지막 실책이었다.

결국 공격을 연기함으로써 블뤼허 군대가 워털루에 도착해 웰링턴 군대를 지원할 시간을 준 셈이 되었다. 전성기의 나폴레옹이라면 상상조차 할 수 없는 일이었다. 한때 그는 이렇게 말했다. "전략은 시간과 공간을 활용하는 기술이다. 그리고 나에게는 공간보다 시간이 더욱 중요하다. 공간은 되찾을 수 있지만, 시간은 결코 그렇지 않다……나는 전투에서의 패배는 용납할 수 있어도 단 1분의 낭비는 용서할 수 없다."*

6월 18일 나폴레옹의 7만 4,000명 병력(기마병 1만 3,000
명, 대포 250문)과 영국·네덜란드·벨기에·독일 군대로 구성
된 웰링턴 공작의 영 연합군 6만 7,000명(기마병 1만 2,000명,
대포 159문)이 워털루(브뤼셀에서 15킬로미터 남쪽에 위치)
남쪽 5킬로미터 지점에서 맞붙었다. 영 연합군의 전선은 약
3,500미터에 걸쳐 있었고, 측면도 철저히 강화되어 있었다. 동
쪽으로는 파플로트, 프리슈몽, 라에La Haie의 농장 건물이, 서쪽
으로는 브렌랄뢰 마을이 방어진을 형성해주었다. 영 연합군
진영의 외곽을 치는 작전은 쉽지 않은 상황이었다. 나폴레옹
은 결국 정면 공격을 시도하는 것이 승산이 있다고 판단했다.

11시 15분경, 프랑스군 포병대가 몽생장의 영 연합군 진
지에 포격을 가하기 시작했다. 동시에 우구몽 성에 대한 공격
도 시작되었다. 역사가들이 일반적으로 워털루 전투를 구분하
는 다섯 단계 중 첫 번째인 이 공격은 원래 양동작전으로 계획
된 것이었다. 나폴레옹은 웰링턴이 포진하고 있던 중앙을 집
중 공략하려 했다. 주력군을 유인해낼 심산이었다. 그런데 영
국군은 지원군 없이도 성을 잘 지켜냈다. 반면에 프랑스군은

---

* 제프리 우텐,《워털루 1815》, 김홍래 옮김(플래닛미디어, 2007), 115~116쪽.

성을 함락하기 위해 거의 1만 명에 해당하는 병력을 투입해야 했고, 하루 종일 그 전투에 매달려야 했다. 우구몽 성 전투는 '전투 속의 전투'가 되어버리고 말았다.

전투의 제2단계인 데를롱 군단의 공격은 그래서 병력의 변화가 전혀 없는 가운데, 취약해지지도 않은 영국군 중앙을 향해 이루어져야 했다. 나폴레옹은 약 80문의 대포로 맹포격에 나섰다. 하지만 이미 산등성이 너머로 후퇴한 영 연합군에게 큰 타격을 주지는 못했다. 오후 1시 30분경 프로이센 병력이 웰링턴을 지원하기 위해 이동 중이라는 사실이 확인되었다. 각개 격파 작전을 구사하기 위해서는 양쪽 군대의 합류를 어떻게든 저지해야 했다. 나폴레옹은 그때까지도 블뤼허를 찾아 헤매고 있던—나폴레옹에게는 불행한 일이지만, 그루시 장군은 폭우 때문에 프로이센군을 찾지 못했다. 그렇다고 그는 적군의 발을 묶으라는 황제의 명을 어기지도 못했다. 그래서 황제가 워털루에서 웰링턴과 힘겹게 싸우고 있을 때, 그는 여전히 헛되이 벌판에서 적을 찾아 헤매고 있었다—그루시에게 서둘러 귀환하라고 명령을 내렸다. 그리고 비축해두었던 예비 병력을 급파했다.

오후 1시 45분경 데를롱이 지휘하는 프랑스군 4개 사단이 밀집대형으로 전진하기 시작했다. 영국군 소총 부대가 척

스탠리 버클리Stanley Berkeley, 〈워털루의 움푹한 길〉(1902).

영국군 보병의 방진에 맞서다가 움푹 팬 길에 넘어지는 프랑스 기병들의 모습이다. 실제로
는 길의 경사가 그리 심하지 않았고 전투에 미친 영향도 크지 않아서, 위고가《레 미제라
블》에서 과장하여 서술했다고 보기도 한다. 에드윈 에머슨 주니어Edwin Emerson, Jr.가 집필
한《19세기, 매년의 역사A History of the Nineteenth Century, Year by Year》(1902)에 수록된 삽화.

후 진지로 사용하던 파플로트와 모래 채취장이 곧 함락되었다. 네덜란드-벨기에 병력들은 달아났다. 그러나 픽턴Thomas Picton(1758~1815) 장군이 지휘하는 영국군 보병대는 반격을 펼쳐 프랑스군의 진격을 저지했다. 프랑스 보병들은 영국군의 가공할 일제사격에 위축되고 동요되었다. 이때를 놓치지 않고 웰링턴은 중기병 2개 여단을 출격시켰다. 서머싯Edward Somerset(1776~1842)과 폰손비William Ponsonby(1772~1815)가 이끄는 영국의 중기병들은 맹렬한 돌격을 감행해 프랑스군을 큰 혼란에 빠뜨렸다. 웰링턴은 프랑스군의 첫 번째 공격을 물리치는 데 성공했다. 하지만 전체 기병 전력의 40퍼센트를 잃었다.

오후 4시경에 시작된 제3단계는 프랑스군의 기병 공격으로 구성되었다. 나폴레옹은 이 임무를 전장 지휘관 네 원수에게 맡겼다. 그는 영 연합군 진영의 움직임을 퇴각으로 오인하고 공격을 개시하고 말았다. 프랑스군의 주력 기병대 약 5,000명이 영 연합군의 우중간右中間을 향해 돌격했다. 하지만 보병의 지원을 받지 않은 기병의 돌격은 위험했다. 영국군은 방진을 형성해 프랑스군의 연이은 공격을 격퇴했다. 이로써 프랑스군은 한 시간가량 계속된 공방전에서 엄청난 손실을 입은 채 쫓겨나고 말았다. 웰링턴은 방어하는 동안 보병과 기병, 포병의 공조 체제를 구축해 큰 성과를 얻어냈다.

4시 30분경에 프로이센군이 워털루에 당도해 프랑스군의 오른쪽을 공격해 왔다. 프로이센 병력이 후미로 진군하는 것을 막기 위해 나폴레옹은 조르주 무통Georges Mouton, 일명 로보Lobau 백작(1770~1838)이 이끄는 부대를 이동시키고 웰링턴 군대를 상대하던 주력 부대에서 2개의 근위 대대를 플랑스누아 방면으로 보내야 했다. 이 마을을 탈환하느냐 마느냐에 전투의 운명이 달려 있었다.

워털루 전투의 제4단계는 아주 짧았고, 거의 전적으로 보병전이었다. 이 단계에서 프랑스군은 처음으로 분명한 성공을 거두었다. 쉴 새 없이 몰아치는 질풍처럼 공격을 계속하던 네 원수는 전선 중앙의 진지화된 농가 라 에생트를 점령하고 그곳에 대포를 배치해 약 150미터 거리에 있는 영 연합군의 중심부를 향해 포격을 시작했다. 결전의 순간이 다가왔다.

네 원수는 웰링턴의 약화된 중앙을 돌파할 수 있다고 보고 나폴레옹에게 지원을 요청했다. 그러나 나폴레옹은 프로이센군의 공격이 예상되는, 동쪽 측면의 방어에 여념이 없었으므로 그의 요청을 거절했다. "병력을 더 달라고? 나더러 어디서 병력을 찾아내란 말이냐? 내가 병사를 만들어내는 줄 아는가 보지?" 절호의 기회가 다시 한 번 날아가 버렸다. 웰링턴은 약화된 전선을 보강하기 위해 예비대를 투입했고, 6시 30분

워털루 전투가 벌어진 라 에생트 농장.

직후 중앙의 전황을 복구했다.

워털루 전투의 제5단계는 다음과 같이 진행되었다. 저녁 7시가 되어서야 나폴레옹은 제국 근위대 몇 대대를 네에게 내주었다. 그러나 이미 웰링턴은 폰 치텐Hans Ernst Karl, Graf von Zieten(1770~1848)이 지휘하는 프로이센군의 지원을 받아 방어 태세를 재정비한 뒤였다. 네는 제국 근위대 일부 병력과 다른 몇 개 부대를 지휘해 마지막 전면 공격을 감행했다. 그들은 사다리꼴 대형으로 우구몽 동쪽의 경사면을 올라갔다. 정상에 은폐한 채 엎드려 있던 영국군 보병들은 불쑥 일어나 프랑스군 대열에 일제히 사격을 가했다. 콜번John Colborne (1778~1863)의

아돌프 노선Adolf Northern, 〈플랑스누아를 공격하는 프로이센군〉(1864).
프로이센군의 각 사단이 황제 근위대를 비롯한 프랑스의 병사들을 공격하고 있다.

제52 경보병 연대의 측면 사격이 특히 격렬했다. 프랑스군은 큰 손실을 입고 뿔뿔이 도주하기 시작했다.

웰링턴은 모자를 벗어 들고 총공격의 신호를 보냈고 영 연합군은 무참한 반격을 개시했다. 동쪽에서는 프로이센군이 공격을 개시해 플랑스누아를 탈취하고 프랑스군을 추격했다. 나폴레옹은 패배를 인정해야 했다. 워털루 전투는 이렇게 끝났다. 전투 결과 프랑스군 전사자는 4만 명에 달했고, 영 연합군과 프로이센군의 전사자는 각각 1만 5,000명과 7,000명이었다. 1815년 6월 22일 나폴레옹은 대서양의 세인트헬레나 섬에 유배되었다. 그곳에서 추종자들과 함께 조용하게 살다가 1821년 5월 5일 51세의 나이로 세상을 떠났다.

워털루 전투는 유럽 역사에서 하나의 분수령이었다. 나폴레옹의 패배로 유럽에는 이른바 '빈 체제'가 성립됐다. 오스트리아의 재상 메테르니히Metternich(1773~1859)가 주도한 '빈 체제'는 민주주의에 반대하고 군주제를 옹호하는 복고 체제를 유럽 전역에 확산시켰고, 프랑스 혁명과 나폴레옹 전쟁으로 퍼진 자유주의와 민족주의를 억압했다.

워털루 전투 이후 유럽은 '혁명과 전쟁'에서 벗어나 '안정'을 찾았다. 정치와 사회가 안정되면서 수많은 변화가 시작되었다. 1815년 이후의 세대는 영국의 저널리스트이자 역사학자인 폴 존슨Paul Bede Johnson(1928~)이 쓴 책의 제목처럼 '근대의 탄생The Birth of the Modern'을 지켜보았다. 어떤 의미에서 워털루 전투는 유럽의 거대한 변화를 유도한 산파였다.

나폴레옹이 물러나면서 유럽은 더 이상 전투와 전쟁, 출정, 징집, 세금과 식량난에 시달리지 않게 되었고, 제1차 세계대전이 일어날 때까지 약 100년 동안 평화를 누렸다. 20년 가까이 계속된 나폴레옹 전쟁을 겪은 유럽인들은 무엇보다 변화가 아닌 '안정'을 원했다. 그랬기 때문에 그들은 왕정복고라는 '반동'도 기꺼이 받아들였다.

하지만 이미 시작된 변화를 막을 수는 없었다. 프랑스 혁명 이전의 체제가 돌아오더라도 혁명이 시작된 1789년으로 돌아갈 수는 없는 법이었다. 나폴레옹의 이른바 '백일천하'는 언제든지 새로운 나폴레옹이 등장할 수 있다는 사실을 인식시켜주었다. 웰링턴이 워털루 전투에 대해 말한 것처럼, 그 전투에서 나폴레옹이 승리하는 것은 "당신의 인생에서 당신이 본 가장 이루어질 뻔한 사건"이었기 때문이다.

긍정적이든 부정적이든 나폴레옹은 정치적·사회적 근대화를 추동한 큰 힘이었다. 그는 신분과 출신에 상관없이 유능한 관리와 정치가를 선발하여 수많은 업적을 이룩했다. 나폴레옹 법전Code Napoléon은 법 앞에서의 평등과 능력에 따른 출세를 보장하고, 모든 국민이 근로와 신앙, 양심의 자유를 갖는다고 선언했다. 또 사유재산은 신성불가침하다고 천명했다. 유럽의 법과 행정 체계는 본질적으로 그의 업적에 기반을 두고 있다. 그리고 유럽의 통치자들은 필연적으로 나폴레옹이라는 본보기를 기준으로 평가될 수밖에 없다.

"만약 나폴레옹이 워털루에서 승리했다면, 무슨 일이 있었을까? 짐작건대 역사의 흐름이 그리 크게 달라지지는 않았을 것이다. 나폴레옹은 이미 오래전에 사라졌고, 단 한 차례의 전투가 세상사를 뒤바꿔놓은 적도 거의 없다. 그렇지만 역사가 그런 의문에 대한 결정적인 답을 주는 것은 아니다. 이 점이 곧 워털루 신화의 근원이다."[*]

* 한스 크리스티안 후프, 《쿠오바디스, 역사는 어디로 가는가 1 : 재난과 전투, 그리고 암살》, 정초일 옮김(푸른숲, 2002), 45쪽.

워털루는 끝나지 않았다

1974년 4월 6일 영국 남부 도시 브라이튼의 공연장 '더 돔' 에서 열린 '제19회 유로비전 송 콘테스트' 본선 무대에서 팝 음악사에 큰 획을 긋는, 일대 사건이 벌어졌다. 유럽의 변방 스 웨덴에서 온 무명의 혼성 그룹이 유럽 각국의 내로라하는 스 타들을 제치고 대상을 거머쥔 것이었다. '아바 ABBA'라는 전설 적인 팝 그룹이 탄생한 순간이었다. 이들이 이날 선보인 노래 는 순식간에 세계인을 사로잡았다. 그것은 바로 나폴레옹의 워털루 패전을 남녀 간의 사랑싸움에 비유한 〈워털루〉였다.

나폴레옹은 워털루 전투에서 항복했지.

제19회 유로비전 송 콘테스트에서 대상을 수상한 노래 〈워털루〉가 수록된 음반의 재킷. 스웨덴 혼성 그룹 아바의 멤버들 뒤로 나폴레옹의 뒷모습이 보인다.

나도 거의 같은 식으로 사랑의 운명을 만났다네.
책장에 진열된 역사책은 언제나 반복되고 있지.

사실 이 곡은 워털루 전투와는 별 상관이 없고 희생자를 추모하는 내용을 담은 것도 아니다. 단지 '워털루' 하면 우리가 제일 먼저 떠올리는 이미지를 노래에 차용했을 뿐이다. 이것은 20세기 유행가 가사에 등장할 만큼 워털루 전투가 사람들의 기억에 깊이 남아 있다는 증거이기도 하다.

'워털루 전투' 200주년을 맞이해 세계 곳곳에서 크고 작은 행사들이 이어지고 있다. 전투가 벌어졌던 벨기에 왈롱 지방에서는 역사, 종교, 전통 축제 등 다양한 분야에서 34개의 공식 행사가 치러지고 있고, 프랑스에서는 4개의 기념 전시회가 동시에 열리고 있다. 나폴레옹의 명성도 여전하다. 지금까지 나폴레옹을 다룬 영화는 1,000편이 넘고, 그에 관해 출판된 책은 무려 60만 권이 넘는다. 나폴레옹의 유품은 경매의 인기 소재이기도 한데, 최근에 우리나라의 한 식품업체 회장이 나폴레옹의 이각二角 모자를 모자 경매 가격으로는 역대 최고가인 188만 4,000유로(약 25억 8,000만 원)에 사들여 화제를 모으기도 했다.

'박빙의 승부', '극적인 반전'이라는 강렬한 인상 때문이었는지 워털루 전투의 인기는 오랫동안 대단했다. 그 무엇보다 이름부터 인기가 있었다. 나폴레옹의 최후 결전이 벌어진 곳은 실제로는 워털루 남쪽 5킬로미터 지점에 있는 몽생장Mont-Saint-Jean 고지였다. 하지만 영어권 사람들에게 이 단어는 정확하게 발음하기 어려운 반면에 워털루는 쉽게 발음할 수 있었기에 워털루가 전투의 이름으로 불리게 되었다.

무엇보다도 워털루 전투는 승자보다 패자가 더 유명한 전투이다. 워털루 전투의 승자가 웰링턴임은 두루 알려져 있는 사실이지만 그는 미미한 존재로 남아 있을 뿐, 패자인 나폴레옹의 이미지가 사람들의 뇌리 속에 강력하게 남아 있다. 심지어 나폴레옹이 이 전투에서 이겼다고 착각하는 사람들이 적지 않을 정도다. 아바의 노랫말에서처럼 "지고도 이긴 것 같은 기분"을 느끼게 하는 전투, 바로 그것이 워털루 전투의 역설이다.

유럽 역사에서 하나의 분수령인 워털루 전투에 대해서는 전투가 종결되고 나폴레옹이 세인트헬레나 섬으로 추방된 이후 수많은 증언과 기록이 쏟아져 나왔다. 역사가들 또한 전투에서 승리와 패배를 가른 원인, 전투에 쓰인 전략이나 전술에 대해 논하는 책들을 엄청나게 쏟아냈다. 그리하여 워털루 전투는 역사상 가장 많은 분석과 해석의 대상이 된 전투가 되었다. 이 전투는 충분히 그럴 만한 가치가 있다. 영국의 장군 제임스 쇼 케네디James Shaw Kennedy 경(1788~1865)은 《워털루 전투에 대한 기록Notes on the Battle of Waterloo》(1865)의 결론에서 다음과 같이 썼다. "역사가 읽히는 한, 워털루 전투가 수많은 열띤 토론의 대상이 되리라는 점은 의심할 여지가 없다. 이와 마찬가지로 전쟁의 기술이 연구되는 한, 군인들이 워털루의 위대한 특징들과 매우 중요한 전투의 세세한 부분을 주제로 삼아 열심히 조사하고 숙고할 것은 분명하다."

물론, 비단 군인들이나 역사가들만이 워털루 전투에 대해 이야기한 것은 아니다. 조지 고든 바이런George Gordon Byron

(1788~1824)과 앨프리드 테니슨Alfred Tennyson(1809~1892) 같
은 시인들이나 오노레 드 발자크Honoré de Balzac(1799~1850)
와 스탕달Stendhal(1783~1842) 같은 소설가들도 워털루 전투를
다루었다.《레 미제라블Les Misérables》의 작가 빅토르 위고Victor
Hugo(1802~1885)도 워털루에 대한 훌륭한 글을 남겼다.

　위고는 1848년 2월 혁명 이전부터《레 미제라블》을 쓰
기 시작했으나 혁명과 국외 도피 생활로 인한 혼란으로 오랫
동안 집필을 중단했다. 1860년이 되어서야 위고는 다시 집필
에 몰두할 수 있었고, 이때부터 소설에 등장하는 역사적 장소
나 사건 등에 대한 자료들을 연구하여 단편적인 에피소드들
을 작성한 다음 여담 형식으로 소설에 삽입했다. 은어에 관한
연구, 수녀원에 관한 설명, 파리의 하수도에 관한 묘사, 워털루
전투에 관한 이야기가 그 대표적인 여담들이다. 특히 워털루
전투에 관한 여담은 사료 조사를 마친 다음 위고가 워털루 현
장에서 직접 쓴 것이다.

　위고는 워털루 전투가 끝난 지 46년이 지난 1861년 5월
7일 몽생장 고지에 도착해 인근의 콜론 호텔Hôtel des Colonnes에
서 두 달 동안 머물렀다. 그리고 그곳에서 워털루 전투에 대한
이야기를 끝으로《레 미제라블》의 집필을 완료했다. 총 5부로
구성된《레 미제라블》은 1862년 브뤼셀에서 작가이자 출판업

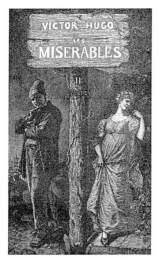

왼쪽 _워털루 전투 이야기가 실린 위고의 《레 미제라블》 제2부 〈코제트〉의 속표지.
오른쪽_《레 미제라블 일러스트판》 제2부 제1편 〈워털루〉에 수록된 삽화.

자인 알베르 라크루아Albert Lacroix에 의해 10권으로 나뉘어 세상에 모습을 드러내게 된다.

위고는 《레 미제라블》 제2부 제1장부터 시작하여 장장 125쪽(프랑스 국립도서관 전자도서관Gallica의 1862년 초판 기준)에 이르는 분량을 할애하여 워털루 전투와 나폴레옹 패배에 대해 묘사하고 있다. 그는 1815년 6월 18일 전투에서 결정적 역할을 한 우고몽("나폴레옹이라는 유럽의 위대한 벌목자가 워털루에서 봉착한 장애의 시작이요, 최초의 저항이요, 도끼질이 맞

왼쪽_에티엔 카르자Étienne Carjat가 1876년에 찍은 빅토르 위고의 초상 사진.
오른쪽_워털루의 기념 원주에 새겨진 빅토르 위고의 초상.

닥뜨린 최초의 옹이") 성채를 우연히 한 나그네가 지나가다가 그 근방의 농부에게서 들은 것을 이야기하는 형식을 빌려 워털루 전투의 전개 양상을 펼쳐 보인다. 곧, 전투의 시작과 경과, 나폴레옹의 실수, 신의 섭리, 영웅적인 반격, 프랑스군의 패주, 나폴레옹 전설과 정치적 유산 등을 낭만주의적인 문체로 거침없이 기술하고 있다.

이미 많은 사람들이 알고 있는 것처럼, 위고의 아버지 레오폴드 위고Léopold Hugo(1773~1828)는 나폴레옹 휘하의 장교였다. 하지만 그는 열렬한 왕당파인 어머니 소피 위고Sophie

빅토르 위고가 《레 미제라블》의 워털루 전투 관련 대목을 집필하고자 두 달간 머물렀던 콜론 호텔.

Hugo(1772~1821)에게서 더 깊은 영향을 받는다. 오랫동안 그는 스스로 정통 왕조 지지파임을 주장하며 부르봉 왕가에 대한 지지를 표방한다. 그러다가 1827년 〈방돔 전승 기념탑에 보내는 송가Ode à la colonne de la place Vendôme〉를 계기로 나폴레옹을 향한 존경심을 드러냄으로써 정치적 방향 전환을 도모하게 된다. 낭만주의 물결을 타고 영원한 신화로 불멸의 삶을 얻게 된 나폴레옹은 위고에게 "물리칠 수 없는 현실이자 살아 움직이는 신화"가 된다. 그는 황제를 통해 자신들의 세대에게는 없는 새로운 '전투의 장'을 발견하고, 황제가 가지지 못했던 목표들(혁명과 자유의 이념 전파, 통합 유럽의 개척 등)을 황제에게 부여하면서 나폴레옹을 자신들의 투사로 만든다.

위고는《레 미제라블》에서 한때 유럽을 제패한 젊은 영웅의 좌절된 꿈에 경의를 표하면서 제국의 몰락을 아쉬워하지만, 다른 한편으로는 영웅 나폴레옹에 대한 숭배의 감정에 변화가 생겼음을 드러낸다. 감옥의 창살을 부수고 수레를 밀어 올리는 등 괴력을 발휘하는 죄수 장 발장Jean Valjean. 그는 소설 곳곳에서 은연중에 나폴레옹과 대비되면서 일종의 반反영웅 역할을 한다. 위고는 워털루 전투와 대비시켜 1832년의 파리 바리케이드 공방전을 생생하게 묘사하기도 한다. 그는 "시민이 곧 영웅인 근대 사회의 서사시"를 쓰고자 한 것이다.

프랑스 문학사에서 가장 위대한 민중의 서사시라고 할 수 있는《레 미제라블》속 '워털루' 이야기를 통해 위고는 나폴레옹이라는 영웅의 탄생과 몰락을, 그리고 새로운 영웅의 등장을 보여준다. 그는 워털루를 "19세기의 돌쩌귀"라고 이르면서 "위대한 시대가 도래하기 위해서는 위대한 사람의 소멸이 필요했다"라고 기술하고 있다. 위고는 이 장렬한 이야기 속에서 워털루 신화의 실체를 규명하면서, 전쟁에 처한 개인과 집단의 상황을 극적이고도 실감 나게 그려냈다.

워털루 전투에 대한 대담하고 장엄한 이 글은 나폴레옹이

워털루에 세워져 있는 나폴레옹의 동상.

라는 '영웅'에 대해, 신이라고 불리기도 하는 그 '무한자'에 대해, 그리고 전쟁에 대해 위고가 어떤 생각을 했고, 유럽 역사의 가장 치열했던 전장에서 인간들이 어떻게 싸웠고 또 어떻게 죽어갔는지를 말해준다. 부디 이 작품을 읽으며 위고와 함께 분명하게, 그리고 가까이에서 '최후의 결전'에 임한 인간의 마음과 정신을 경험했으면 한다. 이 글 속에는 그러한 이야기가 담겨 있다.

빅토르 위고의 워털루 전투

유럽의 운명을 바꾼 나폴레옹 최후의 결전

펴낸날 초판 1쇄 2015년 6월 30일
초판 2쇄 2019년 9월 15일

지은이 빅토르 위고
옮긴이 고봉만
펴낸이 김현태
펴낸곳 책세상

주소 서울시 마포구 잔다리로 62-1, 3층(04031)
전화 02-704-1251(영업부), 02-3273-1333(편집부)
팩스 02-719-1258
이메일 bkworld11@gmail.com
광고제휴 문의 bkworldpub@naver.com

홈페이지 chaeksesang.com   **페이스북** /chaeksesang
트위터 @chaeksesang   **인스타그램** @chaeksesang   **네이버포스트** bkworldpub

등록 1975. 5. 21. 제1-517호
ISBN 978-89-7013-933-3 03920

이 도서의 국립중앙도서관 출판시도서목록(CIP)은 서지정보유통지원시스템 홈페이지
(http://seoji.nl.go.kr)와 국가자료공동목록시스템(http://www.nl.go.kr/kolisnet)에서
이용하실 수 있습니다.(CIP제어번호 : CIP2015017148)